見えない・見えにくい子供のための

歩行指導 Q&A

監修 青木　隆一
文部科学省初等中等教育局特別支援教育課特別支援教育調査官

編著 全国盲学校長会

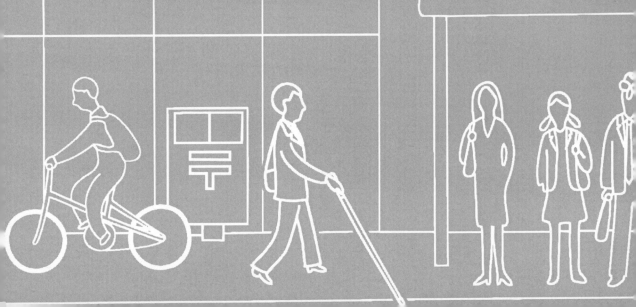

はじめに

全国盲学校長会

会長　三谷　照勝

　平成 19 年 4 月に学校教育法の一部改正により、従来の「特殊教育」から「特別支援教育」
に転換が図られ特別支援教育体制となって、今年は 10 年目の区切りの年となります。また、
平成 24 年 7 月には中央教育審議会初等中等教育分科会において「共生社会の形成に向けた
インクルーシブ教育システム構築のための特別支援教育の推進」（報告）がなされました。
そして、平成 28 年 4 月には「障害を理由とする差別の解消の推進に関する法律（障害者差
別解消法）」が施行され、文部科学省をはじめ特別支援教育にかかわる関係諸機関や盲学校、
視覚支援学校等において合理的配慮や基礎的環境整備が進められています。

　障害のある人が社会の中で普通に生活できるような法整備が進み、様々な面でバリアフ
リーが図られていますが、視覚障害のある子供が主体的に街の中に出て行こうとする意欲や
安全に移動ができる歩行力が十分に備わっていなければ、自由に街中を歩くことはできませ
ん。健常者であれば難なく行える移動も、情報障害といわれる視覚障害のある子供にとって
は大きな困難となっています。そのため、安全に移動するための情報収集の方法や歩行能力
を育成する指導は、盲学校の大きな役割となっています。

　しかし、盲学校でその指導に当たる教員の専門性を考えると、大学で専門の教育を専攻し、
視覚障害領域の特別支援学校教員免許状を所持していることや歩行訓練士の資格を取得して
いることが望ましいのですが、そのような教員はまだ少ないのが現状です。学校によっては
歩行訓練士の資格を持つ教員は皆無というところもあります。

　このような状況の中で、学校は OJT 研修により教員の歩行指導の専門性向上に努めてい
ます。その研修内容については、大学等で研究発表された資料や文部省（現 文部科学省）
から昭和 60 年に出版された手引書を活用して自立活動の指導を中心に実践を進められてお
り、社会状況や一般交通機関等の環境整備は時代とともに大きく変化をしてきましたが、そ
れに対応するような手引書の改定は行われずに今日に至っていました。

　いま、公共の交通網が発展して私たちの生活はとても便利になった反面、視覚から情報を
得られない、または得にくい視覚障害のある子供には、大きな危険が伴っていると考えます。
社会の中で子供たちが安全で効率的に外出できる歩行能力を育成するための手引書の必要性
が高まっています。

そこで全国盲学校長会は、文部科学省初等中等教育局特別支援教育課特別支援教育調査官の青木隆一先生からご助言をいただきながら、歩行訓練士の資格を取得している関東地区盲学校の先生方を中心に『見えない・見えにくい子供のための歩行指導Ｑ＆Ａ』を編集することとしました。本書は、歩行指導に関する知識や経験が少ない教員にも分かりやすい内容にすることを心がけ、指導に当たっての基礎的・共通的な事項などを「Ｑ＆Ａ」スタイルでまとめています。

　本書を通して、盲学校に通学している「見えない」「見えにくい」子供たちが安心して外出できるよう、様々な社会経験を通して交友関係の拡大を図り、さらに社会常識や広い知識を習得することによって自分の力で行動できる生活範囲が広がり、一人でも多くの子供が自立生活を送ることができることを期待しています。

　指導に当たる先生方は、時代を担う子供たちの育成に誇りと自信を持って前に進んでください。そして、全国の盲学校や視覚特別支援学校等で歩行指導についての情報交換をするとともに情報の共有化を図るなど、密接な連携の下に視覚障害のある子供たちが安全で効率的な歩行ができる力を獲得できる指導の充実を目指していただけると幸いです。

Contents

はじめに

本書作成の意義 ……………………………………………………………………… 8

本書の活用上の留意点 …………………………………………………………… 10

第Ⅰ部　歩行指導を始める前に

序章　特別支援教育の現状と課題

1　特別支援教育を取り巻く状況 ………………………………………………… 14

　1．障害者の権利に関する条約 ………………………………………………… 15

　2．改正障害者基本法 …………………………………………………………… 16

　3．障害を理由とする差別の解消の推進に関する法律 …………………… 17

　4．共生社会の形成に向けたインクルーシブ教育システム構築のための

　　　特別支援教育の推進（報告） …………………………………………… 18

2　視覚障害教育の現状と課題

　1．盲学校の現状 ………………………………………………………………… 22

　2．盲学校の在籍者数等について …………………………………………… 25

　3．小・中学校等における視覚障害教育の現状 ………………………… 27

　4．盲学校の主な課題 ………………………………………………………… 31

第Ⅱ部　実際の歩行指導に当たって

第1章　視覚障害教育における歩行指導の概要

Q1　視覚障害者への歩行指導の意義等について教えてください。 ……… 38

Q2　自立活動として行われる歩行指導の考え方を教えてください。 …… 40

Q3　将来のひとり歩きに向けて、育成しておくべき能力について教えてください。… 42

Q4　歩行を支える「基礎的能力」の指導について教えてください。 …… 44

Q5　歩行の経験で得た知識や技術を生かす指導について教えてください。 ……… 46

Q6　視覚障害者にとっての白杖の法的根拠について教えてください。 …… 48

Q7　学校で行われる歩行指導は、どのようなものがありますか。 ……… 50

◆ Column ◆

　1　歩行指導の必要性　／52

　2　次はどこに行くの？　／53

　3　歩行指導の教科書　／54

第2章　個別の指導計画の作成・活用等

Q8　個別の指導計画の作成に当たって、基本的な考え方を教えてください。 ········ 56

Q9　歩行に関する実態把握は、どのようにしたらよいでしょうか。 ················ 58

Q10　PDCA を踏まえた個別の指導計画の作成・活用について教えてください。 ······· 60

第3章　歩行の初期段階で大切にしたい指導

Q11　姿勢と歩行との関係は、どのようなものでしょうか。 ···················· 64

Q12　歩行に必要な「身体の動き」は、どのようなものでしょうか。 ··············· 66

Q13　歩行に必要な「環境の把握」は、どのようなものでしょうか。 ··············· 68

◆ Column ◆

4　いろんなところで宝探しゲーム ／70

5　様々な目的地 ／71

第4章　屋内の移動

Q14　教室内の歩行指導について教えてください。 ·························· 74

Q15　歩行における「地図の指導」は、どのようにしたらよいでしょうか。 ··········· 76

Q16　自分の教室から別の場所への歩行指導について教えてください。 ············ 78

第5章　ガイド歩行

Q17　ガイド歩行の意義や目的について教えてください。 ···················· 82

Q18　視覚障害のある子供にとってのガイド歩行の意義を教えてください。 ··········· 84

Q19　ガイド歩行の基本的な方法を教えてください。 ························· 86

第6章　白杖の基本的操作

Q20　白杖の意義、構造、種類について教えてください。 ···················· 92

Q21　白杖の入手方法や選び方について教えてください。 ···················· 94

Q22　白杖導入前に使う移動補助具（プリケーン）について教えてください。 ········· 96

Q23　白杖の持ち方や握り方、白杖による防御の方法について教えてください。 ······ 98

Q24　白杖の基本的な操作技術について教えてください。 ··················· 100

Q25　階段や溝などでは、どのように白杖を使えばよいでしょうか。 ············· 102

◆ Column ◆

6　「白杖ＳＯＳシグナル」運動を知っていますか ／104

7　「白杖の妖精　つえぽん」の誕生 ／105

第7章　白杖を用いた屋外での指導

Q26　屋外で歩行指導を実施するに当たっての留意点を教えてください。 ----- 108

Q27　障害物を発見した後の回避方法について教えてください。 ----- 110

Q28　歩道と車道の区別の有無による歩行の違いについて教えてください。 ----- 112

Q29　車音を安全な歩行に生かす方法について教えてください。 ----- 114

Q30　「信号機のない交差点」の横断の方法について教えてください。 ----- 116

Q31　「信号機のある交差点」の横断の方法について教えてください。 ----- 118

Q32　「踏切」の横断の方法について教えてください。 ----- 120

Q33　繁華街や駅構内など混雑する場所の歩行について教えてください。 ----- 122

Q34　様々な手掛かりをどのように活用するとよいでしょうか。 ----- 124

Q35　雨天や積雪など気象条件に応じた歩行について教えてください。 ----- 126

Q36　歩行におけるICT機器の活用について教えてください。 ----- 128

第8章　交通機関等の利用

Q37　バスの利用に当たっての指導について教えてください。 ----- 132

Q38　乗用車やタクシーの乗降に当たっての指導について教えてください。 ----- 134

Q39　電車の利用に当たっての指導について教えてください。 ----- 136

Q40　電車の利用に当たって、プラットホームの構造等に関する指導について
教えてください。 ----- 138

Q41　電車の乗降に当たっての指導について教えてください。 ----- 140

Q42　エレベーターやエスカレーターの利用に当たっての指導について
教えてください。 ----- 142

Q43　道に迷ったときなど、援助依頼をする際の留意点を教えてください。 ----- 144

◆ Column ◆
　8　指導時のヒヤリ・ハット　／146
　9　視覚障害者と腕時計　／147

第9章　自立と社会参加に向けて

Q44　歩行時のマナーとして、どのようなことが大切ですか。 ----- 150

Q45　登下校の歩行指導における留意点を教えてください。 ----- 152

Q46　進学や就職に伴う歩行指導は、どのように進めるとよいでしょうか。 ----- 154

Q47　社会自立につながる歩行の意欲的な態度とは、どのようなものでしょうか。 ---- 156

◆ Column ◆
　10　歩行能力が視覚障害者の自立につながる　／158
　11　指導者のマナー　／159

第10章　弱視の子供への歩行指導

Q48　弱視の子供への歩行指導の基本的な考え方を教えてください。 ・・・・・・・・・・・・ 162

Q49　弱視の子供の歩行に必要な見え方の把握方法について教えてください。 ・・・・・ 164

Q50　弱視の子供の歩行における弱視レンズ等の活用について教えてください。 ・・・・・ 166

第11章　重複障害のある子供への歩行指導

Q51　重複障害のある子供への歩行指導の意義を教えてください。 ・・・・・・・・・・・・・・ 170

Q52　重複障害のある子供への歩行指導について教えてください。 ・・・・・・・・・・・・・・ 172

◆ Column ◆

12　A君との思い出　／174

13　指で会話をしながら歩くこと　／175

第12章　中途視覚障害障害者への歩行指導

Q53　中途視覚障害者への歩行指導は、どのように考えればよいでしょうか。・・・・・・ 178

◆ Column ◆

14　人生の景色が変わるとき　／180

第13章　視覚障害者の歩行を支える

Q54　保護者や関係機関とのよりよい連携の在り方について教えてください。 ・・・・・・ 182

Q55　同行援護制度とその利用の仕方について教えてください。 ・・・・・・・・・・・・・・・・ 184

Q56　点字ブロックについて、知っておくべきことを教えてください。 ・・・・・・・・・・・ 186

Q57　歩行訓練士という国家資格があるのですか。 ・・・・・・・・・・・・・・・・・・・・・・・ 188

◆ Column ◆

15　八盲サポーターの取組 ～地域で支え合う登下校支援～　／190

16　点字ブロックの利用者　／191

17　盲導犬歩行　／192

18　歩行指導のパイオニア 木下和三郎から学ぶ　／193

引用・参考文献 ・・・ 194

第Ⅲ部　参考資料

○「歩行実態表」（例） 199

○保護宛ての一人通学に関する文書（例） 200

　1「一人通学に向けての手順について」 200

　2「一人通学届の提出について」 201

　3「一人通学届」 202

　4「一人通学指導計画」 203

　5「一人通学歩行指導チェックシート」 204

執筆者一覧

本書においては、視覚障害者である幼児児童生徒に対する教育を行う特別支援学校を「盲学校」と表記します。

本書作成の意義

　健常者であれば、その目的が仕事であれ、プライベートなことであれ、自分一人で自分の行きたい場所に難なく行くことができます。移動そのものに不安を感じることは少ないのではないでしょうか。それは、ある目的地に安全に移動するという意味での「歩行」が、視覚に頼っていることに他なりません。一方、私たちが教育の対象としている視覚に障害のある子供たちの多くが、健常者が当たり前のように行っている「歩行」に不安や困難を抱えています。子供たちが、将来の自立と社会参加を目指して、視覚障害による「歩行」に関する様々な困難を主体的に改善・克服するために、必要な知識、技能、態度及び習慣をどう養っていくのか、これが歩行指導の本質であると言えます。また、歩行指導を行う教員の専門性をどう向上させていくのか、さらに子供たちを取り巻く社会の理解や環境の整備をどう充実させていくのかも歩行指導を支える重要な要素と言えましょう。

　さて、歩行指導は自立活動の時間を中心に行われますが、だれが行えばよいのでしょうか。「特別支援学校小学部・中学部学習指導要領（平成21年3月告示）」を確認してみます。

第7章　自立活動
第3　指導計画の作成と内容の取扱い
　6．自立活動の時間における指導は，専門的な知識や技能を有する教師を中心として、全教師の協力の下に効果的に行われるようにするものとする。
　7．児童又は生徒の障害の状態により、必要に応じて、専門の医師及びその他の専門家の指導・助言を求めるなどして、適切な指導ができるようにするものとする。

　6の「専門的な知識や技能を有する教師」とは、歩行指導で言えば、いわゆる歩行訓練士である教師ということになります。その教師を中心として、学級担任をはじめとする全教師の協力の下に歩行指導が効果的に行われるようにすることが大切です。実際の指導体制は、専門的な知識や技能を有する教師の配置や、歩行に関する職員研修の実施の有無など、各学校の状況を踏まえて検討されることになります。例えば、姿勢と運動・動作の基本的技能や視覚以外の感覚の活用の基礎など、歩行に必要となる基礎的な能力に関する指導や白杖の基本的操作等については、いわゆる歩行訓練士である教師の指導・助言のもと学級担任が行い、交差点横断や公共交通機関の利用等については、いわゆる歩行訓練士である教師が行うなどの分担をすることも考えられます。

　7の「その他の専門家」には、外部のいわゆる歩行訓練士が含まれると解することができます。学校に配置されていない場合、地域の視覚障害リハビリテーション関連施設等に配置されているいわゆる歩行訓練士の指導・助言を活用することが考えられます。この場合、指

8

導を外部専門家に任せきりにするようなことは避けなければなりません。自立活動の指導は、外部専門家の指導・助言を生かしつつ、あくまでも学校の教師が責任を持って計画・実施されなければなりません。

　安全かつ効率的に目的地まで歩くための歩行指導は、確かな理論や指導技術が求められます。したがって、子供の実態把握、個別の指導計画の作成・活用、実際の指導や評価の在り方など、歩行指導に関する専門的な知識や技能を有する者の役割が重要となります。しかし、盲学校によっては、校内にいわゆる歩行訓練士である教師がいない、また外部専門家の活用も難しいことから、系統的・計画的な歩行指導の実施に苦慮している現状があります。もちろん、前述のとおり、いわゆる歩行訓練士である教師でなければ、歩行指導をしてはいけないということはありません。むしろ、歩行に必要となる基礎的・基本的な能力に関する指導は、その子供をよく知っている学級担任が、教育活動全般を通じて行うことが有効な場合もあります。いずれにしても、すべての教員が歩行指導に関する基本的な知識や技術を身に付けておく必要があります。

　そこで、本書は、歩行指導に関する知識や経験が少ない教員をも対象とし、基礎・基本に視点を当て、Ｑ＆Ａ方式により、ポイントを絞ってわかりやすく解説することで、各盲学校の歩行指導に関する専門性の向上に資することを願い作成しました。

本書の活用上の留意点

1　本書を読んだだけで、歩行指導に求められる理論や指導技術等がすべて身に付くわけではありません。校内外の歩行指導に関する研修等で専門性をさらに身に付けていく姿勢が大切です。もちろん、歩行指導に関する専門的な知識や技能を有する者の指導・助言が、引き続き重要であることは言うまでもありません。

　また、必要に応じて『歩行指導の手引』（昭和60年、文部省）をはじめ、巻末に列記した各文献を参考にしてください。

2　先天性眼疾患による全盲（光覚なし）である小学部1年生の児童の発達段階に応じて、系統的な歩行指導を積み重ねていくというイメージで作成しています。子供の実態等が必ずしもこのイメージに合致しない場合もありますが、基本的な考え方等は共通していますので、本書を適宜参考にしながら、実際の指導に当たるようにしてください。

3　歩行指導の具体的な方法等については、基礎・基本を重視しつつ一般的な方法として解説しています。しかし、子供の実態や各学校や地域の歩行環境はそれぞれ異なっており、本書の解説どおりでは指導が難しい場合もあります。また、各学校が積み重ねてきた指導方法等と若干異なっている場合もあるでしょう。各学校や地域の状況を踏まえつつ、本書を活用するようにしてください。

4　社会福祉法人日本ライトハウス養成部、および国立リハビリテーションセンター学院視覚障害学科がそれぞれ実施している視覚障害生活訓練等の指導者や専門職の養成課程を修了した者は、各学校では「歩行訓練士」「歩行指導員」「歩行の先生」などと呼ばれています。本書では、該当する者を「いわゆる歩行訓練士」としています。

5　上記の他にも、歩行指導に関連する様々な専門用語がありますが、各学校や地域における表記に差異がみられる場合があります。すべてを網羅することは困難なことから、本書では、原則として各用語について次のように統一しています。専門用語の定義等については、「Q&A」の中で示すようにしています。なお、各学校や地域において、この表記にしなければならないということではありません。それぞれの使い方を大切にしてください。

① 「視覚障害者誘導用ブロック」→「点字ブロック」
② 白杖の「石突き」→「チップ」
③ 「手引き」「ガイドヘルプ」、「誘導歩行」「介添歩行」など　→　「ガイド歩行」
④ 「手引き者」　→　「ガイド者」
⑤ 「単独歩行」「一人歩行」「白杖単独歩行」など　→　「ひとり歩き」

第Ⅰ部
歩行指導を始める前に

序 章

特別支援教育の現状と課題

1　特別支援教育を取り巻く状況

2　視覚障害教育の現状と課題

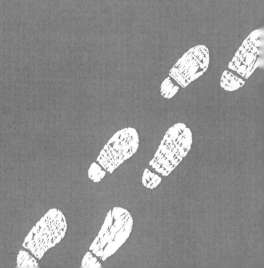

序章 / 1　特別支援教育を取り巻く状況

　特別支援教育元年とも言われる平成19年4月、学校教育法等の改正に伴い、我が国における障害児教育は、それまでの特殊教育から特別支援教育へと発展的に転換されました。

　従前の特殊教育は、子供の障害の種類や程度に対応して、盲・聾・養護学校や小・中学校の特殊学級等の教育の場を整備し、そこできめ細かな教育を効果的に行うというものでした。特別支援教育については、「特別支援教育の推進について（通知）」（平成19年4月1日付、文部科学省初等中等教育局長通知）にその理念が示されています。

---

1. 特別支援教育の理念

　特別支援教育は、障害のある幼児児童生徒の自立や社会参加に向けた主体的な取組を支援するという視点に立ち、幼児児童生徒一人一人の教育的ニーズを把握し、その持てる力を高め、生活や学習上の困難を改善又は克服するため、適切な指導及び必要な支援を行うものである。

　また、特別支援教育は、これまでの特殊教育の対象の障害だけでなく、知的な遅れのない発達障害も含めて、特別な支援を必要とする幼児児童生徒が在籍する全ての学校において実施されるものである。

　さらに、特別支援教育は、障害のある幼児児童生徒への教育にとどまらず、障害の有無やその他の個々の違いを認識しつつ様々な人々が生き生きと活躍できる共生社会の形成の基礎となるものであり、我が国の現在及び将来の社会にとって重要な意味を持っている。

　「これまでの特殊教育の対象の障害だけでなく、知的な遅れのない発達障害も含めて、特別な支援を必要とする幼児児童生徒が在籍する全ての学校において実施されるものである。」という記述からは特殊教育と特別支援教育の違いを、「共生社会の形成の基礎となるものであり、我が国の現在及び将来の社会にとって重要な意味を持っている」という記述からは、特別支援教育の重要性を読み取ることができます。

　これ以降、各教育委員会や学校等は、関係法令、各審議会等の報告や本通知の内容を踏まえた特別支援教育の充実・推進を図り、全国津々浦々で特別支援教育の理念や実践が浸透してきています。実際、文部科学省が毎年行っている「特別支援教育体制整備状況調査」によれば、例えば幼稚園、小・中学校、高等学校における特別支援教育に係る校内委員会の設置状況や特別支援教育コーディネーターの指名率は増加の一途をたどり、特別の教育的ニーズを必要とする子供たちの自立と社会参加に向けた体制整備等が充実してきていることがうかがえます。

　また、特別支援学校には、小・中学校等に在籍する障害のある子供やその教員等に対する助言・援助を行ったり、保護者等に対する教育相談を行ったりするなど、特別支援教育のセンターとしての役割を果たすことが学校教育法に位置付けられました。例えば、盲学校においては地域の小・中学校等に在籍する視覚に障害のある子供やその保護者を対象とした教育相談において、弱視レンズ等の使い方等を伝えたり、担当する教員には具体的な指導方法はもとより、見え方の把握の仕方、学習環境の整え方、個別の指導計画の作成・活用方法等について助言したりするなど、盲学校がもつ専門性を生かしたセンター的機能を従来から発揮

しています。今後、インクルーシブ教育システム構築のために特別支援教育がより一層推進されるに当たって、特別支援学校のセンターとしての役割は、ますます高まっていきます。

一方、国際的には、2006年（平成18年）に国際連合において、「障害者の権利に関する条約（以下、「障害者権利条約」という）が採択され、我が国は、平成19年（2007年）に本条約を署名しました。その後、本条約の批准に向けた国内法令等の整備を経て、平成26年（2014年）1月、我が国は141番目の本条約の批准国となりました。

私たちは、この障害者権利条約の理念を踏まえながら、特別支援教育をより一層推進していかなければなりません。

本稿では、障害者権利条約の署名から批准に至るまでの過程で整備された教育関係法令や障害による差別の解消に向けた対応指針等の概要について、教育分野の視点から述べることにします。

障害者の権利に関する条約

❶第二次世界大戦では、多くの人が人間としての尊厳や基本的人権を軽視され、戦争の犠牲になりました。国際連合では、二度とこのような悲惨な事態を招いてはならないという誓いを込め、1948年（昭和23年）総会において、人権および自由を尊重し確保するために、「すべての人民とすべての国とが達成すべき共通の基準」を宣言する「世界人権宣言」を採択しました。ところが、世界人権宣言採択以降も世界的に障害者が人権侵害に直面しているという状況等を踏まえ、国際連合は、1970年代ごろから障害者施策の推進に係る議決等を行います。主なものは次のとおりです。

・1971年（昭和44年）「知的障害者の権利宣言」採択
・1975年（昭和50年）「障害者の権利に関する宣言」採択
・1976年（昭和51年）「国連障害者年（1981年）」とすることを決議
　「国際障害者年」のテーマは、障害者の「完全参加と平等」
・1983年（昭和58年）から1992年（平成4年）までの10年間を「国連障害者の十年」と定め、「障害者に関する世界行動計画」を策定、加盟各国において、障害者の完全参加と平等を目指し様々な取組が行われました。

これらの国際的な行動にもかかわらず、依然として障害者が人権侵害に直面している状況がありました。国際連合ではこの事態を改善すべく、2006年（平成18年）12月13日総会において「障害者の権利に関する条約」を採択（2008年5月3日発効）しました。

本条約は、21世紀初の人権に関する条約であり、障害者の人権及び基本的自由の享有を確保し、障害者の固有の尊厳の尊重を促進することを目的として、障害者の権利を実現させるための措置等について定める条約です。前文および50の条項から構成されており、障害に基づくあらゆる差別の禁止（合理的配慮の否定を含む）、障害者が社会に参加・包容されることの促進、条約の実施を監視する枠組みの設置などが示されています。

教育に関する条項は第24条であり、インクルーシブ教育システム（inclusive education system）の理念、合理的配慮（reasonable accommodation）の提供等が示されています。

第 24 条　教育

1　締約国は、教育についての障害者の権利を認める。締約国は、この権利を差別なしに、かつ、機会の均等を基礎として実現するため、障害者を包容するあらゆる段階の教育制度及び生涯学習を確保する。当該教育制度及び生涯学習は、次のことを目的とする。

(a)　人間の潜在能力並びに尊厳及び自己の価値についての意識を十分に発達させ、並びに人権、基本的自由及び人間の多様性の尊重を強化すること。

(b)　障害者が、その人格、才能及び創造力並びに精神的及び身体的な能力をその可能な最大限度まで発達させること。

(c)　障害者が自由な社会に効果的に参加することを可能とすること。

2　締約国は、1の権利の実現に当たり、次のことを確保する。

(a)　障害者が障害に基づいて一般的な教育制度から排除されないこと及び障害のある児童が障害に基づいて無償のかつ義務的な初等教育から又は中等教育から排除されないこと。

(b)　障害者が、他の者との平等を基礎として、自己の生活する地域社会において、障害者を包容し、質が高く、かつ、無償の初等教育を享受することができること及び中等教育を享受することができること。

(c)　個人に必要とされる合理的配慮が提供されること。

(d)　障害者が、その効果的な教育を容易にするために必要な支援を一般的な教育制度の下で受けること。

(e)　学問的及び社会的な発達を最大にする環境において、完全な包容という目標に合致する効果的で個別化された支援措置がとられること。

3　締約国は、障害者が教育に完全かつ平等に参加し、及び地域社会の構成員として完全かつ平等に参加することを容易にするため、障害者が生活する上での技能及び社会的な発達のための技能を習得することを可能とする。このため、締約国は、次のことを含む適当な措置をとる。

(a)　点字、代替的な文字、意思疎通の補助的及び代替的な形態、手段及び様式並びに定位及び移動のための技能の習得並びに障害者相互による支援及び助言を容易にすること。

(b)　手話の習得及び聾社会の言語的な同一性の促進を容易にすること。

(c)　盲人、聾者又は盲聾者（特に盲人、聾者又は盲聾者である児童）の教育が、その個人にとって最も適当な言語並びに意思疎通の形態及び手段で、かつ、学問的及び社会的な発達を最大にする環境において行われることを確保すること。

4　締約国は、1の権利の実現の確保を助長することを目的として、手話又は点字について能力を有する教員（障害のある教員を含む。）を雇用し、並びに教育に従事する専門家及び職員（教育のいずれの段階において従事するかを問わない。）に対する研修を行うための適当な措置をとる。この研修には、障害についての意識の向上を組み入れ、また、適当な意思疎通の補助的及び代替的な形態、手段及び様式の使用並びに障害者を支援するための教育技法及び教材の使用を組み入れるものとする。

5　締約国は、障害者が、差別なしに、かつ、他の者との平等を基礎として、一般的な高等教育、職業訓練、成人教育及び生涯学習を享受することができることを確保する。このため、締約国は、合理的配慮が障害者に提供されることを確保する。

❷　改正障害者基本法

　障害者権利条約の署名から批准に向けた国内法制度の整備において最初に改正（平成 23 年 8 月）されたのが、障害者基本法（昭和 45 年 5 月 21 日法律第 84 号）でした。障害者基本法は 36 の条項及び附則から構成されており、教育だけでなく我が国におけるすべての障害者施策に関する理念や基本原則が定められています。教育に関する内容は、第 16 条に規定されています。

【第16条】（教育）

国及び地方公共団体は、障害者が、その年齢及び能力に応じ、かつ、その特性を踏まえた十分な教育が受けられるようにするため、可能な限り障害者である児童及び生徒が障害者でない児童及び生徒と共に教育を受けられるよう配慮しつつ、教育の内容及び方法の改善及び充実を図る等必要な施策を講じなければならない。

2　国及び地方公共団体は、前項の目的を達成するため、障害者である児童及び生徒並びにその保護者に対し十分な情報の提供を行うとともに、可能な限りその意向を尊重しなければならない。

3　国及び地方公共団体は、障害者である児童及び生徒と障害者でない児童及び生徒との交流及び共同学習を積極的に進めることによつて、その相互理解を促進しなければならない。

4　国及び地方公共団体は、障害者の教育に関し、調査及び研究並びに人材の確保及び資質の向上、適切な教材等の提供、学校施設の整備その他の環境の整備を促進しなければならない。

　注視すべきことは、障害のある子供たちが十分な教育を受けられるようにすることが目的になっているということです。とかく、障害のある子供と障害のない子供が「同じ場で共に学ぶ」ことだけが重視されがちですが、それは配慮すべきことであって目的ではないことがわかります。また、第2項には、本人・保護者に対する十分な情報提供、および可能な限りの本人・保護者の意向の尊重をしなければならないこと、第3項には、交流及び共同学習の推進によっての障害のある子供と障害のない子供の相互理解を促進しなければならないこと、第4項には、人材の確保や環境整備等に関することが示されています。

　前後しますが、第4条（差別の禁止）には、第1項に障害を理由とする差別等の権利侵害行為の禁止について、第2項に社会的障壁の除去を怠ることによる権利侵害の防止として合理的配慮の提供について、第3項に国による啓発・知識の普及を図るための取組として、差別の禁止に関する情報提供等について規定されています。合理的配慮が法令に位置付けられていることがわかります。

【第4条】（差別の禁止）

何人も、障害者に対して、障害を理由として、差別することその他の権利利益を侵害する行為をしてはならない。

2　社会的障壁の除去は、それを必要としている障害者が現に存し、かつ、その実施に伴う負担が過重でないときは、それを怠ることによつて前項の規定に違反することとならないよう、その実施について必要かつ合理的な配慮がされなければならない。

3　国は、第一項の規定に違反する行為の防止に関する啓発及び知識の普及を図るため、当該行為の防止を図るために必要となる情報の収集、整理及び提供を行うものとする。

❸　障害を理由とする差別の解消の推進に関する法律

　障害者基本法第4条を具体化したものが、「障害を理由とする差別の解消の推進に関する法律（平成25年法律第65号）」（以下、「障害者差別解消法」とする）です。平成25年6月26日に公布され、平成28年4月1日に全面的に施行となりました。

　障害者差別解消法は26の条項（附則含まず）から構成されており、すべての国民が障害の有無によって分け隔てられることなく、相互に人格と個性を尊重し合いながら共生する社会の実現に向け、障害を理由とする差別の解消を推進することを目的としています。

　第7条（行政機関等における障害を理由とする差別の禁止）には、行政機関等（学校においては国公立学校）は、障害を理由とする差別の禁止及び合理的配慮の提供の義務が規定されています。第8条（事業者における障害を理由とする差別の禁止）には、事業者等（学

校においては私立学校）は、障害を理由とする差別の禁止、合理的配慮については努力義務とされています。第7条、第8条ともに「障害者から現に社会的障壁の除去を必要としている旨の意思の表明があった場合において」とあり、本人（保護者等も含む）の意思の表明が合理的配慮の出発点であることがわかります。

障害者差別解消法に基づく基本方針等について紹介します。
①障害を理由とする差別の解消の推進に関する基本方針
政府は、障害者差別解消法第6条に基づき、平成27年2月24日「障害を理由とする差別の解消の推進に関する基本方針」（以下、「基本方針」とする）を閣議決定しました。基本方針には、障害を理由とする差別の解消に向けた、政府の施策の総合的かつ一体的な実施に関する基本的な考え方が示されています。

②文部科学省所管事業における障害を理由とする差別の解消の推進に関する対応指針
障害者差別解消法第11条には、主務大臣は、各省庁所管事業者が適切に対応するために必要な指針を定めなければならないことが示されています。これを受けて文部科学大臣は、平成27年11月9日、文部科学省告示として「文部科学省所管事業における障害を理由とする差別の解消の推進に関する対応指針」（以下、「対応指針」とする）を策定しました。対応指針は、初等中等教育分野においては学校法人等が対象となり、不当な差別的取扱いの禁止規定や合理的配慮の提供の努力義務にどう対応したらよいかを文部科学省が示したガイドラインということになります。学校法人等だけでなく、すべての教育関係者の参考となるものになっています。

なお、対応指針の策定に当たって、文部科学省は平成27年11月26日に「文部科学省所管事業における障害を理由とする差別の解消の推進に関する対応指針について（通知）」を出しました。本通知は、「Ⅰ　本指針の概要」と「Ⅱ　留意事項」で構成されていますが、「Ⅱ　留意事項」には、合理的配慮の提供に当たっての基本的な事項がわかりやすく整理されています。ぜひ、参考にしてください。

❹　**共生社会の形成に向けたインクルーシブ教育システム構築のための特別支援教育の推進（報告）**

文部科学省の対応としては、中央教育審議会初等中等教育分科会が平成24年7月23日に「共生社会の形成に向けたインクルーシブ教育システム構築のための特別支援教育の推進（報告）」（以下、「中教審報告」とする）をとりまとめました。

中教審報告には、障害者権利条約におけるインクルーシブ教育システム構築の理念を踏まえた今後の特別支援教育の在り方等が示されています。詳細については、本報告を御一読いただきたいと思いますが、ここではインクルーシブ教育システムがどのように示されているのかを確認します。

「インクルーシブ教育システムにおいては、同じ場で共に学ぶことを追求するとともに、個別の教育的ニーズのある幼児児童生徒に対して、自立と社会参加を見据えて、その時点で

中教審報告の項目

1. **共生社会の形成に向けて**
   共生社会の形成に向けたインクルーシブ教育システムの構築、インクルーシブ教育システム構築のための特別支援教育の推進、共生社会の形成に向けた今後の進め方

2. **就学相談・就学先決定の在り方について**
   早期からの教育相談・支援、就学先決定の仕組み、一貫した支援の仕組み、就学相談・就学先決定に係わる国・都道府県教育委員会の役割

3. **障害のある子どもが十分に教育を受けられるための合理的配慮及びその基礎となる環境設備**
   「合理的配慮」について、「基礎的環境設備」について、学校における「合理的配慮」の観点、「合理的配慮」の充実

4. **多様な学びの場の整備と学校間連携等の推進**
   多様な学びの場の整備と教職員の確保、学校間連携の推進、交流及び共同学習の推進、関係機関等の連携

5. **特別支援教育を充実させるための教職員の専門性向上等**
   教職員の専門性の確保、各教職員の専門性、養成・研修制度等の在り方、教職員への障害のある者の採用・人事配置

教育的ニーズに最も的確に応える指導を提供できる、多様で柔軟な仕組みを整備することが重要である。小・中学校における通常の学級、通級による指導、特別支援学級、特別支援学校といった、連続性のある「多様な学びの場」を用意しておくことが必要である。

　特別支援教育は、共生社会の形成に向けて、インクルーシブ教育システム構築のために必要不可欠なものである。（以下、略）」

　インクルーシブ教育システムの構築に当たって、「同じ場で共に学ぶことを追求」「多様で柔軟な仕組み」「連続性のある『多様な学びの場』」「共生社会」「特別支援教育」がキーワードになっています。多様な学びの場には、特別支援学校がしっかりと位置付けられています。インクルーシブ教育システムにおいては、特別支援学校は必要なくなるという意見や、我が国はインクルーシブ教育と特別支援教育のどちらをやっていくのかといった質問を耳にしますが、それが間違った解釈であることがわかります。障害者権利条約、各法令、報告等を踏まえ、インクルーシブ教育システム、合理的配慮等について正しく理解することが大切です。

　また、中教審報告の冒頭に次の記載があります。

　「（省略）今後、本報告を踏まえ、共生社会の形成に向けたインクルーシブ教育システム構築のための特別支援教育が着実に推進されることで、障害のある子どもにも、障害があることが周囲から認識されていないものの学習上又は生活上の困難のある子どもにも、更にはすべての子どもにとっても、良い効果をもたらすことを強く期待する。」ここでいう良い効果とは、障害者基本法や教育基本法に明記されている「十分な教育が受けられること」も含まれていると言えましょう。視覚に障害のある子供たちにとって「十分な教育と何なのか」について、多角的な視点から考えてみることも大切です。

　なお、中教審報告には、教育分野における合理的配慮とその基礎となる環境整備（基礎的環境整備）がまとめられています。合理的配慮及び基礎的環境整備の定義及び関係は、次のように示されています。

合理的配慮の定義

本報告における合理的配慮は、
　障害のある子供が、他の子供と平等に「教育を受ける権利」を享有・行使することを確保するために、
①　学校の設置者及び学校が<u>必要かつ適当な変更・調整</u>を行うことであり、
②　障害のある子どもに対し、その状況に応じて、学校教育を受ける場合に<u>個別に必要</u>なものであり、
③　学校設置者及び学校に対して、体制面、財政面において、<u>均衛を失した又は過度の負担を課さない</u>ものと定義されている。
　なお、障害者の権利に関する条約において、「合理的配慮」の否定は、障害を理由とする差別に含まれるとされていることに、留意する必要がある。

※丸数字及び下線は、本ハンドブック作成に当たって追記した。

基礎的環境整備の定義

　障害のある子供に対する支援については、法令に基づき又は財政措置により、国は全国規模で、都道府県は各都道府県内で、市町村は各市町村で、教育環境の整備をそれぞれ行う。
　これらは、<u>「合理的配慮」の基礎となる環境整備</u>であり、それを<u>「基礎的環境整備」</u>と呼ぶこととする。

※下線は、本ハンドブック作成に当たって追記した。

合理的配慮と基礎的環境整備の関係

合理的配慮と基礎的環境整備の関係

合理的配慮については3観点11項目、基礎的環境整備については8観点で整理されており、障害種別の合理的配慮の事例も掲載されています。

学校における合理的配置の観点

①教育内容・方法
　①-1　教育内容
　　①-1-1　学習上又は生活上の困惑を改善・
　　　　　　克服するための配慮
　　①-1-2　学習内容の変更・調整
　①-2　教育方法
　　①-2-1　情報・コミュニケーション及び教材の配慮
　　①-2-2　学習機会や体験の確保
　　①-2-3　心理面・健康面の配慮
②支援体制
　②-1　専門性のある指導体制の整備
　②-2　幼児児童生徒、教職員、保護者、地域
　　　　の理解啓発を図るための配慮
　②-3　災害時等の支援体制の整備
③施設・設備
　③-1　校内環境のバリアフリー化
　③-2　発達、障害の状態及び特性等に応じた
　　　　指導ができる施設・設備の配慮
　③-3　災害時等への対応に必要な施設・設備の配慮

基礎的環境整備

①ネットワークの形成・連続性のある多様な学び
　の場の活用
②専門性のある指導体制の確保
③個別の教育支援計画や指導計画の作成等による
　指導
④教材の確保
⑤施設・設備の整備
⑥専門性のある教員、支援員等の人的配置
⑦個に応じた指導や学びの場の設定等による特別
　な指導
⑧交流及び共同学習の推進

第Ⅰ部　序章

1　特別支援教育を取り巻く状況

学校における合理的配慮の観点（視覚障害のみ抜粋）		
〈教育内容・方法〉 教育内容	学習上又は生活上の困難を改善・克服するための配慮	見えにくさを補うことができるようにするための指導を行う。(弱視レンズ等の効果的な活用、他社と積極的に関わる意欲や態度の育成、見えやすい環境を知り自ら整えることができるようにする　等)
	学習内容の変更・調整	視覚による情報が受容しにくいことを考慮した学習内容の変更・調整を行う。(状況等の丁寧な説明、複雑な図の理解や読むことに時間がかかること等を踏まえた時間延長、観察では必要に応じて近づくことや触感覚の併用、体育等における安全確保　等)
〈教育内容・方法〉 教育方法	情報・コミュニケーション及び教材の配慮	見えにくさに応じた教材及び情報の提供を行う。(聞くことで内容が理解できる説明や資料、拡大コピー、拡大文字を用いた資料、触ることができないもの(遠くのものや動きの速いもの等)を確認できる模型や写真　等)また、視覚障害を補う視覚補助具やICTを活用した情報の保障を図る。(画面拡大や色の調整、読み上げソフトウェア　等)
	学習機会や体験の確保	見えにくさからの概念形成の難しさを補うために、実物や模型に触る等能動的な学習活動を多く設ける。また、気付きにくい事柄や理解しにくい事柄(遠かったり大きかったりして触れないもの、動くものとその動き方等)の状況を説明する。さらに、学習の予定を事前に知らせ、学習の過程や状況をその都度説明することで、主体的に状況の判断ができるように指導を行う。
	心理面・健康面の配慮	自己の視覚障害を理解し、眼疾の進行や事故を防止できるようにするとともに、身の回りの状況が分かりやすい校内の環境作りを図り、見えにくい時には自信をもって尋ねられるような雰囲気を作る。また、視覚に障害がある児童生徒等が集まる交流の機会の情報提供を行う。
〈支援体制〉	専門性のある指導体制の整備	特別支援学校(視覚障害)のセンター的機能及び弱視特別支援学級、通級による指導等の専門性を積極的に活用する。また、眼科医からのアドバイスを日常生活で必要な配慮に生かすとともに、理解啓発に活用する。さらに、点字図書館等地域資源の活用を図る。
	幼児児童生徒、教職員、保護者、地域の理解啓発を図るための配慮	その子特有の見えにくさ、使用する視覚補助具・教材について周囲の児童生徒、教職員、保護者への理解啓発に努める。
	災害時等の支援体制の整備	見えにくさに配慮して災害とその際の対応や避難について理解できるようにするとともに、緊急時の安全確保ができる校内体制を整備する。
〈施設・設備〉	校内環境のバリアフリー化	校内での活動や移動に支障がないように校内環境を整備する。(廊下等も含めて校内の十分な明るさの確保、分かりやすい目印、段差等を明確に分かるようにして安全を確保する　等)
	発達、障害の状態及び特性等に応じた指導ができる施設・設備の配慮	見えやすいように環境を整備する。(眩しさを防ぐために光の調整を可能にする設備(ブラインドやカーテン、スタンド等)必要に応じて教室に拡大読書器を設置する　等)
	災害時等への対応に必要な施設・設備の配慮	避難経路に明確な目印や照明を設置する。

| 序章 | **2　視覚障害教育の現状と課題** |

❶　盲学校の現状

　盲学校の現状と課題について述べる前に、視覚障害教育の歴史に若干触れてみます。

　日本においては、明治11年に京都で創立された「京都盲唖院（現在の京都府立盲学校）」が、最初の近代的盲学校（当時は、視覚障害教育及び聴覚障害教育を行っていた）とされています。さらに明治12年には、「私立楽善会訓盲院（現在の筑波大学附属視覚特別支援学校）」が開校し、翌年から2名の生徒に対して授業を開始しました。これ以降、明治から大正にかけて、多くの盲学校の前身が全国各地で設立されています。

　大正12年には、道府県による盲学校および聾唖学校の設置義務を定めた「盲学校及聾唖学校令」が制定（大正13年施行）され、学校教育としての体制が確立されました。さらに、昭和13年、教育審議会が盲聾教育義務制の必要性を答申したことを受けて、昭和23年「中学校の就学義務並びに盲学校及び聾学校の就学義務および設置義務に関する政令」が公布され、盲学校及び聾学校の義務制が開始されました。

　時代は飛びますが、平成19年4月1日に施行された改正学校教育法等により、盲学校、聾学校及び養護学校（総称して、特殊教育諸学校と言っていた）は、法令上一本化され、「視覚障害者、聴覚障害者、知的障害者、肢体不自由者又は病弱者（身体虚弱者を含む。）に対して、幼稚園、小学校、中学校又は高等学校に準ずる教育を施すとともに、障害による学習上又は生活上の困難を克服し自立を図るために必要な知識技能を授けること」を目的とする特別支援学校になりました。また、各特別支援学校において、いずれの障害種別に対応した教育を行うこととするかについては、当該学校の設置者が、その学校の施設及び設備等の状況並びに当該特別支援学校の所在する地域における障害のある児童等の状況を踏まえて定めることも規定されました。「盲学校」は法令上姿を消し、視覚障害教育を行う特別支援学校となりましたが、現在も「○○盲学校」といった従来からの校名である学校が多いです。

　これは、平成18年7月18日の「特別支援教育の推進のための学校教育法等の一部改正について（通知）（18文科初第446号）」において、次のように示されたことによります。

第6　留意事項

(1)　特別支援学校の設置については、公立学校は設置条例において、私立学校は寄附行為において、当該学校が学校教育法上の特別支援学校として設置されている旨を明確に規定する必要があること。その上で、現に設置されている盲学校、聾学校又は養護学校を特定の障害種別に対応した教育を専ら行う特別支援学校とする場合には、「盲学校」、「聾学校」又は「養護学校」の名称を用いることも可能であること。(以下、略)

　つまり、それまで盲学校として行ってきた教育内容や機能を引継ぎ、視覚障害教育を専ら行うこととした場合は、「○○盲学校」の名称をそのまま使用できることが示されました。平成28年度42校が、それまでの「○○盲学校」という校名を引き継いでいます。

　さて、盲学校の現状を各種データをもとに確認します。ここでは、全国盲学校長会に加盟

している学校を「盲学校」と言い、主に全国盲学校長会が集計しているデータを参考としています。

（1）盲学校数関係　※⑥以外は「全盲長調べ」
①全盲学校数　67校（H28.4.1）

```
┌─ 国立 1校（筑波大学附属視覚特別支援学校）
│　 公立 63校
│　 市立 2校（横浜市、神戸市）※大阪市立はH28から大阪府に移管
└─ 私立 1校（横浜訓盲学院）
```

　学校数のピークは、昭和37年の78校でした。その後、統廃合により微減傾向が続き、平成25年に69校となりました。平成26年度末、埼玉県にあった私立の熊谷理療技術高等盲学校の閉校、および北海道において札幌盲学校と高等盲学校が統合し、平成27年度から北海道札幌視覚支援学校となったことから2校減少し、現在67校となっています。

　なお、一つの自治体に1校の設置である盲学校が37校あります。これらの学校では、盲学校間の人事異動ができないことにより、人事面での専門性の維持・継続という課題に直面する場合が多いです。

②複数障害種に対応する盲学校数（H28.4.1）

　前述のとおり、平成19年4月1日から特別支援学校は、設置者がいずれの障害種別に対応した教育を行うこととするかを定めることになっており、現在、次の5校が複数の障害種に対応しています。

```
┌─ 東京都立久我山青光学園（視覚障害＋知的障害）
│　 神奈川県立相模原中央支援学校（視覚障害＋聴覚障害＋知的障害＋肢体不自由）
│　 富山県立富山視覚総合支援学校（視覚障害＋病弱・身体虚弱）
│　　 ※病弱・身体虚弱部門は、高等部普通科のみ
│　 山口県立下関南総合支援学校（全障害種）
└─ 福岡県立柳川特別支援学校（視覚障害＋肢体不自由＋病弱・身体虚弱）
```

　なお、複数障害種への対応とは異なりますが、聴覚障害教育特別支援学校（聾学校）が併設され、一人の校長が両校長を兼務している学校が3校あります。

```
┌─ 青森県立八戸盲学校（青森県立八戸聾学校）
│　 奈良県立盲学校（奈良県立ろう学校）
└─ 徳島県立徳島視覚支援学校（徳島県立徳島聴覚支援学校）
```

③校名に「盲学校」が含まれていない盲学校数（H28.4.1）

　25校（37.4％）が、「○○視覚特別支援学校」、「○○視覚支援学校」など「盲学校」以外の校名です。特徴的な校名としては、埼玉県立特別支援学校塙保己一学園があります。全国で唯一人名（塙　保己一）を校名にしている公立特別支援学校です。

④学部の設置形態（H28.4.1）

```
・高等部単独校　　2校 ┌─ 東京都立文京盲学校
　　　　　　　　　　　 └─ 福岡県立福岡高等視覚特別支援学校

・小・中学部校　　1校　　青森県立八戸盲学校
```

23

・幼・小・中学部校 8校 ┌ 北海道旭川盲学校
                    ├ 北海道帯広盲学校
                    ├ 北海道函館盲学校
                    ├ 東京都立葛飾盲学校
                    ├ 東京都立久我山青光学園
                    ├ 神奈川県立相模原中央支援学校
                    ├ 福岡県立福岡視覚特別支援学校
                    └ 福岡県立柳河特別支援学校

・学部（学科）別 ┌ 幼稚部設置校   54校（80.6%）
              ├ 小学部・中学部設置校 65校（97.1%）
              └ 高等部普通科設置校   55校（82.1%）

※京都府立盲学校の高等部普通科には、大学進学に特化した「京都フロンティアコース」
　が設けられています。

⑤職業学科等の設置校（H28.4.1）

・理療に関する教育を行っている学校   58校（86.6%）
              ┌ 本科保健理療科   45校（79.0%）
              ├ 専攻科保健理療科 39校（68.5%）
              └ 専攻科理療科   56校（96.6%）
                        ※手技療法科、鍼灸手技療法科を含む

・本科総合生活科   1校　千葉県立千葉盲学校
・本科生活技能科   1校　福岡県立福岡高等視覚特別支援学校
・本科音楽科   2校 ┌ 筑波大学附属視覚特別支援学校
                     └ 京都府立盲学校

・専攻科理学療法科 2校 ┌ 筑波大学附属視覚特別支援学校
                     └ 大阪府立大阪南視覚支援学校

・専攻科柔道整復科 1校　大阪府立大阪南視覚支援学校
                        ※平成27年度に新設されました。

・専攻科音楽科   2校 ┌ 筑波大学附属視覚特別支援学校
                     └ 京都府立盲学校

・専攻科生活情報科 1校　秋田県立視覚支援学校（1年課程）
・専攻科生活科   1校　横浜訓盲学院
・専攻科普通科   1校　京都府立盲学校（1年課程）
・専攻科研究部理療科 1校　京都府立盲学校（1年課程）
・専攻科鍼灸手技療法研修科 1校　筑波大学附属視覚特別支援学校（1年課程）
・専攻科研修科   1校　福岡県立福岡高等視覚特別支援学校（1年課程）

※課程年数の記載がないものは3年課程。
※大阪府立大阪南視覚支援学校は、専攻科を専修部としていますが、本ハンドブックでは
　専攻科と表記しました。

⑥いわゆる歩行訓練士が配置されている学校（H27.5）

（社会福祉法人日本ライトハウス養成部調べ）

　39校（58.2%）の盲学校に、96人のいわゆる歩行訓練士が配置されています。うち、複数名が配置されている学校は22校です。配置数が多い学校は、筑波大学附属視覚特別支援学校9人、秋田県立視覚支援学校7人、大阪府立大阪北視覚支援学校6人、大阪府立大阪南視覚支援学校5人などです。

備考
・盲学校以外の特別支援学校等における配置は含まない。
・いわゆる歩行訓練士は、社会福祉法人日本ライトハウス養成部が実施する「視覚障害生活訓練等指導者養成課程」等を修了した者、又は国立身体障害者リハビリテーションセンター学院が実施する課程等を終了した者を言う。

❷ 盲学校の在籍者数等について（H28.4.1）※全盲長調べ

　全幼児児童生徒数は、2,863名です。盲学校の在籍者数の大幅な減少は全国的な傾向で喫

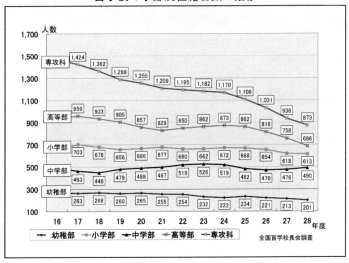

緊の課題の一つです。

　全国の盲学校の在籍者数の推移を紹介します。在籍者数が1万人を超えていた時代があったことをご存じでしょうか。昭和33年に初めて1万人を超え、昭和34年に10,264人でピークを迎えました。その後、昭和40年に1万人を割り込むものの、翌年には、再び1万人を超えました。地域性があるので平均値を出すことにあまり意味がありませんが、ピーク時の学校数が76校であったことから、1校平均135人程度の在籍者数となります。平成28年の1校平均は43人程度です。現在の状況からは想像できない賑やかさであったことでしょう。

　その後、昭和43年に再び1万人を割り込み、昭和49年を除き、昭和50年まで9千人台が続きます。昭和51年からは8千人台、昭和56年に7千人台、昭和60年6千人台となり、平成2年に前年から約400人減少し、5千人台になりました。そこから数年の減少数が大きく、平成4年には一気に4千人台となっています。その後、4千人台が平成12年まで続き、平成13年から3千人台に突入し、平成28年についに3千人を切り、2,863人まで減少しました。

　学部別在籍者数をみてみると、高等部本科と高等部専攻科の減少率が高くなっています。特に高等部専攻科の在籍者数は、平成27年度に初めて1千人を下回りました。

　全校在籍者数でみると20人未満の盲学校が11校あります。在籍者が0である学年が多くある学校もあります。逆に100人を超えている学校は4校です。在籍者数が20～39人までの学校が31校と最も多く、全体の約46.2％を占めています。

　一方、小学部、中学部、高等部普通科における普通学級と重複学級の割合の推移については、次のグラフのとおりです。平成元年度は普通学級の割合が75.2％でしたが、年々その割合が下がり、平成28年度は55.3％になっています。

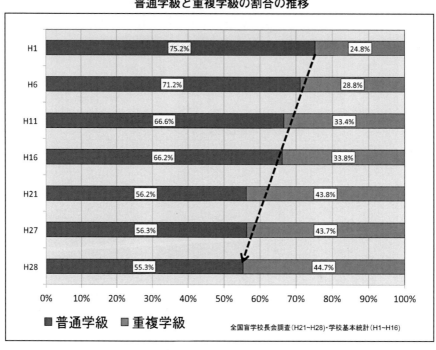

普通学級と重複学級の割合の推移

全国盲学校長会調査（H21～H28）・学校基本統計（H1～H16）

では、重複学級の在籍者数が大きく増えているのでしょうか。次のグラフは、筑波大学人間系障害科学域が行っている「全国視覚特別支援学校児童生徒の視覚障害原因等に関する研究調査」の 2015 年調査の報告書から抜粋した盲学校在籍者数と重複障害の割合の推移に関するグラフです。重複学級の在籍者数の大幅な増加ということではなく、普通学級の在籍数の減少により、相対的に重複学級児童生徒数の割合が増加していることが分かります。

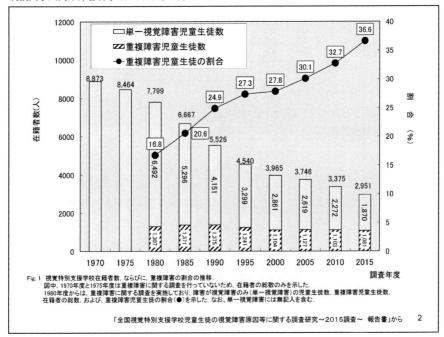

盲学校在籍者数と重複障害児童生徒の割合の推移

❸ 小・中学校等における視覚障害教育の現状

（1）弱視特別支援学級

　学校教育法第 81 条に定める特別支援学級（弱視者）は、「拡大鏡等の使用によっても通常の文字、図形等の視覚による認識が困難な程度のもの（平成 25 年 10 月 4 日付、25 文科初第 756 号初等中等教育局長通知）」の子供を対象としています。

　基本的には、小学校・中学校の学習指導要領に従った教育が行われますが、子供の実態に応じて、特に必要がある場合には特別支援学校学習指導要領を参考として、自立活動を取り入れるなど特別の教育課程を編成できるようになっています。実際、各弱視特別支援学級では、保有する視機能を最大限に活用できるようにするための特別の指導や配慮をしながら各教科等の指導を行っています。

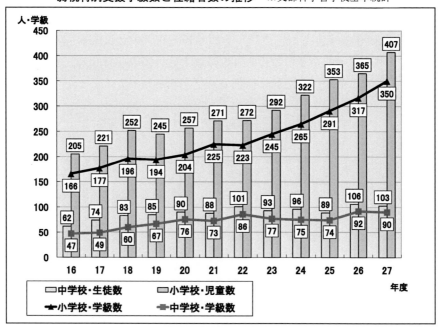

弱視特別支援学級数と在籍者数の推移　※文部科学省学校基本統計

　平成27年5月1日現在、弱視特別支援学級の在籍者数及び学級数は、小学校407人／350学級、中学校103人／90学級です。1学級当たりの在籍者数は、小学校・中学校ともに1.2人以下であり、ほぼ個別指導であることがわかります。
　都道府県別の特別支援学級（弱視者）設置数については、次のとおりです。

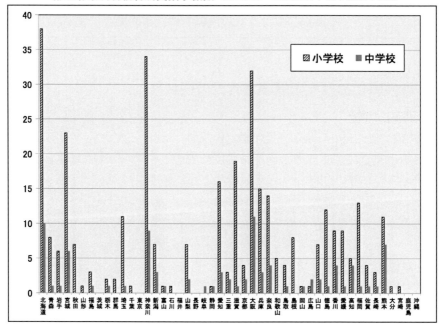

都道府県別弱視特別支援学級数（H27.5.1）　※文部科学省学校基本統計

(2) 通級による指導（弱視）

　学校教育法第140条および141条に定める通級による指導（弱視）（以下、「弱視通級」という）は、「拡大鏡等の使用によっても通常の文字、図形等の視覚による認識が困難な程度の者で、通常の学級での学習におおむね参加でき、一部特別な指導を必要とするもの（平成25年10月4日付、25文科初第756号初等中等教育局長通知）」に該当する子供を対象としています。

　弱視通級では、週1～8単位時間、通級指導教室（「目の教室」等の名称である場合が多い）などの特別の指導の場において、障害による学習上又は生活の困難を改善・克服するための指導（自立活動）や特に必要がある場合、障害の状態に応じて各教科の内容を補充するための特別の指導を行うことができます。この教科の補充指導については、単なる遅れをとりもどすための指導ではありません。弱視通級では、通級による指導が制度化された平成5年当初から、100人を超える子供が、「目の教室」などの特別の指導の場に子供が学んでいました。平成27年5月1日現在、小学校で139人、中学校で22人が学んでいます。

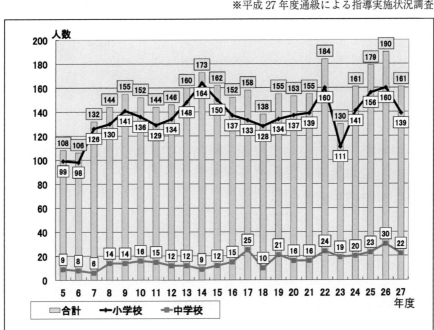

通級による指導（弱視）で学ぶ児童生徒数の推移
※平成27年度通級による指導実施状況調査

都道府県別の通級による指導(弱視)を受けている児童生徒数については、次のとおりです。

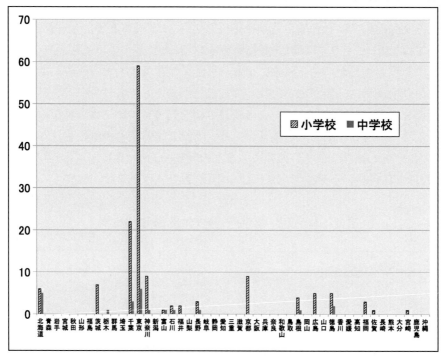

(3) 小学校・中学校に在籍する学校教育法施行令第22条の3に該当する児童生徒数

　平成25年9月1日の学校教育法施行令の一部改正に伴い、学校教育法施行令第22条の3（就学基準）に該当する障害のある子供は、特別支援学校に原則就学するという就学先決定の仕組みから、障害の状態、本人の教育的ニーズ、本人・保護者の意見、教育学・医学・心理学等専門的見地からの意見、学校や地域の状況等を踏まえた総合的な観点から教育委員会が就学先を決定する仕組みとなりました。

　では、学校教育法施行令第22条の3に該当する視覚障害のある子供が、小学校及び中学校にどの程度在籍しているのでしょうか。

　文部科学省「特別支援教育資料（平成27年度）」によれば、小学校は211人です。その内訳は、通常の学級101人、弱視通級22人（通常の学級の内数）、弱視特別支援学級110人です。中学校は83人で、その内訳は、通常の学級41人、弱視通級2人（通常の学級の内数）、弱視特別支援学級42人となっており、やや増加傾向にあります。

> 【参考】学校教育法施行令第22条の3　視覚障害の程度
> 　両眼の視力がおおむね0.3未満のもの又は視力以外の視機能障害が高度のもののうち、拡大鏡等の使用によっても通常の文字、図形等の視覚による認識が不可能又は著しく困難な程度のもの

小・中学校における学校教育法施行令第22条の3に該当する
視覚障害の児童生徒数の状況　(H27.5.1)

	通常の学級 （通級による指導）	特別支援学級	合計
小学校	101(22)	110	211
中学校	41(2)	42	83
合計	142(24)	152	294

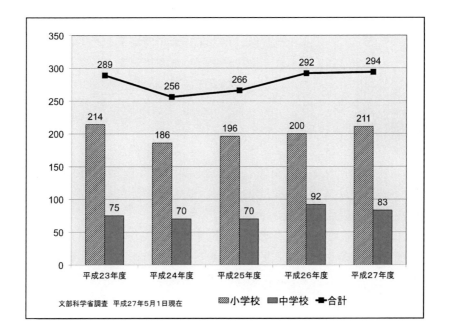

❹ 盲学校の主な課題

　これまで述べてきた現状を踏まえ、全国の盲学校に共通する主な課題を整理します。

（１）幼児児童生徒数の減少

　前項でも述べましたが、盲学校の在籍者数は減少の一途をたどっています。その要因として、全国的な少子化傾向や医学の進歩といったことも考えられますが、地域の小・中学校で学ぶ視覚に障害のある子供が増えていることも要因です。これは、学校教育法施行令第22の3に該当する視覚に障害のある子供の数に関するデータからも読み取ることができます。

　在籍者数減少という課題は、子供同士の学びあいの基盤である「集団による学びの場」の確保など教育環境に関することから、教職員の定数管理や専門性の維持といった学校運営に関すること、ひいては盲学校としての存在など多岐にわたって影響を及ぼす場合があり、各盲学校とも喫緊の課題として捉えています。盲学校の存在は知られていても、そこで学ぶ子どもたちのこと、そこで行われている教育の内容等が意外に知られていないという背景があることから、盲学校を正しく知ってもらうために、オープンスクールや体験入学会等を開催したり、メディアを利用した広報等による周知活動を行ったりするなどに努めています。

（2）盲学校としての専門性の維持・向上・継承

　この課題については、次のように整理することができます。

①学校教員の人事による専門性の維持・継承

ア）人事異動の側面

　公立学校の教員は、設置者である教育委員会が定める人事異動の方針等により、ある一定の勤務年数に達すると人事異動の対象となり、他校に異動することがあります。一つの自治体に盲学校が1校しか設置されていない場合、当然異動先は盲学校以外になり、視覚障害教育に関する専門性の維持・継承という課題につながってきます。「歩行指導」に関する専門的知識や指導技術をもつ教員も例外ではない場合が多いです。

イ）ベテラン教員の大量退職の側面

　各盲学校で中核となっているベテラン教員が定年退職の時期を迎えています。ア）で述べた定期人事異動であれ定年退職であれ、学校が組織である以上避けることができないことを踏まえ、いずれの場合でも、その教員がもつ視覚障害教育の専門性を重要な教育資源として計画的、組織的に引き継げるシステムが必要です。

②実際の指導を通した専門性の維持・向上

　視覚障害に関する指導の専門性は、実際に子供への指導を通しても向上しますが、例えば学校によっては、小学部に点字を使って学習する子供が在籍していないということもあり、実際に指導できる機会が減少しているという現状があります。

③教科指導等の専門性の視点

　視覚障害教育にとって必要となる専門性は、視覚障害による学習上又は生活上の困難の改善・克服に関するものばかりではありません。あわせて教科指導（職業教育に関する教科等も含む）の専門性もとても大切です。例えば、特別支援学校学習指導要領には、各教科の指導計画の作成と各学年にわたる内容の取扱いに当たっての配慮事項として、「視覚障害の状態等に応じた適切な指導内容を精選し、基礎的・基本的な事項に重点を置くなどして指導すること」と示しています。その際、視覚障害に応じた教科指導の専門性が必須であることは言うまでもありません。

　また、重複障害のある子供への指導に当たっては、自閉症や発達障害のある子供への指導の専門性、盲ろうに関する指導の専門性も重要です。また、日進月歩で機能が充実しているICT機器の活用等に関する専門性も注視していかなければなりません。

　専門性の維持・向上・継承に関する課題への対応として、各学校とも校内研修に力を入れています。年度始めの始業式を迎える前に、新転任の教員を対象に集中的に研修を行っている学校や、ベテラン教員と若手教員のペアによる研修体制を確立している学校があります。人事異動等で人が変わっても、組織としての視覚障害教育に関する専門性は不易でなければなりません。

（3）小・中・高等学校等に在籍する視覚に障害のある子供への支援

　この課題は、共生社会の形成に向けたインクルーシブ教育システム構築を踏まえ、盲学校がもつ視覚障害教育のセンターとしての役割をどう充実させていくか、どう発揮していくかということになります。前項でも述べましたが、多くの視覚に障害のある子供が、小・中学校等で学んでいる現状があります。また、平成28年4月1日に施行された「障害を理由と

する差別の解消の推進に関する法律」を受け、視覚障害のある子供・者に対する合理的配慮等に関する相談が、今後に多く寄せられることが想定されます。

　見えない・見えにくい子供への指導や支援、小・中学校等の教員への支援や研修協力、視覚障害教育に関する相談・情報提供、関係機関との連絡調整等、それらを円滑に行うための校内体制の充実が求められます。多くの盲学校で、センター的機能をより一層発揮するために、校内に外部支援のための組織を立ち上げています。一部を紹介します。

- 青森県立盲学校　ロービジョン相談支援センター
- 群馬県立盲学校　視覚障害者支援センター
- 岐阜県立盲学校　見え方の相談支援センター
- 京都府立盲学校　京都府視覚支援センター
- 広島県立広島中央特別支援学校　視覚障害教育相談支援センター
- 佐賀県立盲学校　目の支援センター　ゆうあい

（4）交流及び共同学習の推進

　交流及び共同学習は、障害者基本法第16条の第3項に「国及び地方公共団体は、障害者である児童及び生徒と障害者でない児童及び生徒との交流及び共同学習を積極的に進めることによって、その相互理解を促進しなければならない。」と定められている他、中教審報告にも、障害のある子供にとっても、障害のない子供の双方にとって、交流及び共同学習を推進することの必要性が示されています。

　障害のある子供と障害のない子供が、同じ場で共に学ぶことを追求するインクルーシブ教育システムの構築に当たって、交流及び共同学習は、盲学校においても大きな意義をもっています。各学校においては、交流及び共同学習を教育課程に明確に位置付け、年間指導計画を作成するなど計画的・組織的に推進していく必要があります。また、交流及び共同学習の充実は、集団による学びの場の確保につながっていきます。スカイプ等のインターネット電話サービスを活用して、離れた学校にいる子供と共に学ぶ機会を設けている学校があります。

（5）職業教育である「理療」等を取り巻く動向

　盲学校の職業教育課程であり、あん摩マッサージ指圧師、はり師およびきゅう師（以下、「あはき」とする）を養成する「理療」等を取り巻く動向も課題として捉えることができます。主な課題としては、次が挙げられます。（順不同）

　①あはき国家試験の合格率の向上と既卒の不合格者対策

　②あはき師の国家資格（あはき師免許）を有しない無免許業者への対応

　③晴眼者を対象とするあん摩マッサージ指圧師の養成施設の新設に向けた動き
　　（あん摩マッサージ指圧師、はり師、きゅう師等に関する法律第19条関係）

　④卒業生の進路先の確保、職種の拡大（ヘルスキーパーなど）

　⑤進路先における合理的配慮の理解と推進

　⑥生徒数の減少

なお、「理学療法」についても同様の課題があります。

　各学校においては、例えば、国家試験の合格を目指し課業日以外にも補習体制を組んだり、医療・労働・福祉等の関係機関と連携を図ったりしながら、ときには全国規模で進路先を開

拓するなどの取組をしています。

　全国的に共通する課題について述べてきましたが、いくつか紹介したように、各学校では
それぞれの地域の状況等を踏まえ、課題に向けた様々な取組が進められています。その際、
全国盲学校長会、全日本盲学校教育研究大会、日本理療科教員連盟等の全国規模のネットワー
クや、地区別視覚障害教育研究会等における情報交換や研究協議等の内容が参考にされてい
ます。全国盲学校長会が主体となっている取組もあり、本ハンドブックもその一環です。

第Ⅱ部
実際の歩行指導に当たって

第1章

視覚障害教育における歩行指導の概要

Q1　視覚障害者への歩行指導の意義等について教えてください。
Q2　自立活動として行われる歩行指導の考え方を教えてください。
Q3　将来のひとり歩きに向けて、育成しておくべき能力について教えてください。
Q4　歩行を支える「基礎的能力」の指導について教えてください。
Q5　歩行の経験で得た知識や技術を生かす指導について教えてください。
Q6　視覚障害者にとっての白杖の法的根拠について教えてください。
Q7　学校で行われる歩行指導は、どのようなものがありますか。

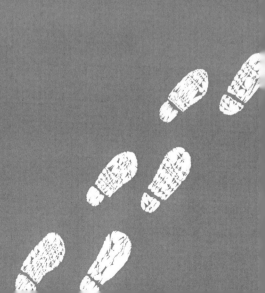

視覚障害者への歩行指導の意義等について教えてください。

1．歩行指導の目的と意義

歩行指導の目的は、出発地から目的地までの安全な移動方法を指導し、移動の目的を果たすことにありますが、その意義は、その人の世界や経験を広げ、よりよい人生を送ること、つまり生涯にわたる生活の質の向上（QOL）を目指すところにあります。

2．成長に伴って必要な歩行指導

歩行指導は、「基盤となる基礎的能力と、それを踏まえた上での実際の歩行に関する歩行能力の両面に対して行われる」（芝田, 2010）ものです。

3．視覚障害者の歩行

成人の視覚障害者の歩行場面を考えてみましょう。

4月初め、盲学校出身の新人会社員Aさん（全盲）は、いわゆる歩行訓練士から指導を受けて通勤経路のひとり歩きが可能になりました。

◆歩行指導の内容・方法の確立

歩行指導の系統的な指導内容・方法を確立したのは、わが国で最初に中途視覚障害者の視覚障害リハビリテーション事業を開始した日本ライトハウスの生活訓練においてです。

「1965年にAFOB(アメリカ海外盲人援護協会)の協力により、歩行訓練が他の生活訓練科目とともにわが国に初めて導入（日比野,2002）」されました。

この導入とともに、日本ライトハウスでは、昭和45年に「視力障害者（児）歩行訓練指導員研修会」（昭和47年からは厚生省の委託事業）として、いわゆる歩行訓練士の養成が開始され現在に至っています。なお、平成2年から国立身体障害者リハビリテーションセンター学院でも養成が開始されています。

いわゆる歩行訓練士の養成には、初期から盲学校の教員等が参加し、各校での歩行指導の内容・方法に大きな影響を与えています。昭和60年に文部省から『歩行指導の手引き』が刊行されましたが、これは日本ライトハウスの視覚障害リハビリテーションの長年の実績と、盲学校の視覚障害教育の研究実践を踏まえて体系化されたものです。

◆Aさんの自宅からバス停までの歩行方法（一部分）◆

郵便局の西側にあるポストを過ぎたら、右側の車道側にバス停があるんだよな。自転車に注意して車道に出ないように（白杖で）縁石を伝い歩きしてと…バス停に並んでいる人の気配を感じながらぶつからないように。おっ！バス停に到着！今日も人が多いみたい。そうだ、帰りにスポーツジムへ顔でも出そうかな…。

| 要点 | 視覚障害者の歩行は単なる移動ではありません。歩行が、生涯にわたる生活の質の向上につながることを意識して指導に当たりましょう。 |

◆盲学校の歩行指導の変遷

盲学校の歩行指導は、盲学校の草創期である明治期から昭和初期には、諸感覚や空間認知、体育と関連した集団行動等の学習の中で扱われてきました。

歩行指導が体育の留意事項として位置づけられたのは、昭和 32 年の盲学校小学部・中学部学習指導要領一般編でした。続いて昭和 39 年の学習指導要領小学部編では、歩行指導を小学部の教育目標の一つとし、基本的事項は体育で行うほか、教育活動全体を通して行うことが示されました。その後、昭和 46 年の学習指導要領の改訂により「養護・訓練」が新設され、時間を特設して重要な指導内容の一つとして歩行指導が個別的、計画的かつ継続的に指導されることとなりました。

また、平成 11 年の改訂により、養護・訓練は名称を「自立活動」と改称し、その活動が一人一人の幼児児童生徒の実態に対応し、自立を目指した主体的な取組を促すものであることを一層明確にする中で、歩行指導が進められてきました。さらに平成 21 年の改訂では ICF（国際生活機能分類）の考え方を踏まえ、幼児児童生徒の自立と社会参加の質の向上につながる指導として、歩行指導は学校教育全体を通じて行われています。

これはＡさんの通勤場面を切り取ったものですが、この中に歩行に必要な多様な能力が示されています。目印や手掛かりによって自分がいる位置を確かめ（定位）、次の目印や手掛かりへ向けて歩行（移動）しています。歩道の幅やバス停までの距離感、自転車の回避、車音への注意、バス待ちの人たちへの配慮、帰りのスポーツジムのこと…。服装は気候や天候によってはスーツの上にコート、傘もかばんの中に入っているかもしれません。Ａさんは自立し、社会の一員として自分の活動範囲を広げながら生活しようとしています。

4．成長に伴い必要とされる歩行指導

幼少期の歩行指導では、「歩行に必要な身体の動き、ボディイメージの形成、環境の理解、感覚情報の意味づけ、保護者の協力」（青柳・鳥山，2013）が重要だとされています。Ａさんはきっと、幼少期から少しずつお母さんの手を離れ、たくさんの人とかかわりを持ち、たくさんのものに触れ、世の中の様々なことを理解しながら、自分の世界を広げていったはずです。そのうえで、「通学などのその学年・年齢に応じて必要な歩行指導、盲学校の卒業後や成年時を見据え、その時に必要となる歩行指導」（芝田，2010）を受けてきたのです。子供の頃の各発達段階における小さな指導の積み重ねが、Ａさんの生活地域での歩行を支えているのです。

誰しもが子供の成長を望み、社会の一員として健康で豊かな生活を過ごしてほしいと願っています。子供たちは成長に伴い、自分を知り、他人を知り、周囲の物事、世の中のことを理解しながら、少しずつ自分の世界を広げていきます。私たちの情報の大部分は視覚から得ていると言われていますが、視覚障害のある子供たちが自分の世界を広げていくには、その場面や状況に応じた支援と長い時間を要します。子供たちの成長に伴って、そのときの環境をよりよく生きていくために必要な力は細分化し高次化しますが、少しずつ、ゆっくりと必要な諸能力を育てていくことが大切です。

第Ⅱ部　第1章　視覚障害教育における歩行指導の概要

自立活動として行われる歩行指導の考え方を教えてください。

1．自立活動の時間における歩行指導の目的

　自立活動の目標は、「個々の児童又は生徒が自立を目指し、障害による学習上又は生活上の困難を主体的に改善・克服するために必要な知識、技能、態度及び習慣を養い、もって心身の調和的発達を培う」ことです（特別支援学校学習指導要領）。

　視覚障害は、情報障害とも言われており、歩行のように視覚情報に基づいて行われる活動に困難をもたらします。したがって、歩行指導の目標は、歩行における困難を改善・克服するために必要な知識、技能、態度及び習慣を養うことだとも言えます。この知識、技能、態度及び習慣は、一人で迷わず目的地に到着するために必要なことだけを意味しているわけではありません。他者と一緒に歩くことや、困ったときに援助を依頼すること、迷った場合でも自ら問題を解決できること等に必要な要素も含まれています。自立活動の指導は、「自立し社会参加する資質を養うため」に行われます。特別支援学校学習指導要領解説 総則等編（P154）には、『「自立し社会参加する資質とは」、児童生徒がそれぞれの障害の状態や発達の段階等に応じて、主体的に自己の力を可能な限り発揮し、よりよく生きていこうとすること、また、社会、経済、文化の分野の活動に参加することができるようにする資質を意味している』と明記されています。したがって、歩行指導においても、よりよく生きていこうとすることや、社会、経済、文化の分野の活動に参加できる力を養うという観点から指導することが大切です。通学路の歩行指導を行うなどして主体性を引き出すとともに、歩行指導により社会参加ができることを感じられるようにすることが大切です。

2．自立活動における歩行指導の内容

　自立活動の内容は、「人間としての基本的な行動を遂行するために必要な要素」と「障害による学習上又は生活上の困難を改善・克服するために必要な要素」とで構成されており、その代表的な要素である26項目が、「健康の保持」、「心理的な安定」、「人間関係の形成」、「環境の把握」、「身体の動き」、「コミュニケーション」の6つの区分に分類・整理して示されています。

◆ガイド歩行とは

　ガイド歩行とは、視覚障害者が介助する人の肘などをつかんで、一緒に歩くことです。
詳しくはQ 17～19参照

◆自立活動の6区分26項目

1　健康の保持
(1) 生活リズムや生活習慣の形成に関すること。
(2) 病気の状態の理解と生活管理に関すること。
(3) 身体各部の状態の理解と養護に関すること。
(4) 健康状態の維持・改善に関すること。

2　心理的な安定
(1) 情緒の鑑定に関すること。
(2) 状況の理解と変化への対応に関すること。
(3) 障害による学習上又は生活上の困難を改善・克服する意欲に関すること。

3　人間関係の形成
(1) 他者とのかかわりの基礎に関すること。
(2) 他者の意図や感情の理解に関すること。
(3) 自己の理解と行動の調整に関すること。
(4) 集団への参加の基礎に関すること。

> # 要点
> 子供の実態把握、目標設定、必要な項目の選定、指導内容の設定といったプロセスを踏まえることが大切です。

4　環境の把握
(1) 保有する感覚の活用に関すること。
(2) 感覚や認知の特性への対応に関すること。
(3) 感覚の補助及び代行手段の活用に関すること。
(4) 感覚を総合的に活用した周囲の状況の把握に関すること。
(5) 認知や行動の手がかりとなる概念の形成に関すること。

5　身体の動き
(1) 姿勢と運動・動作の基本的技能に関すること。
(2) 姿勢保持と運動・動作の補助的手段の活用に関すること。
(3) 日常生活に必要な基本動作に関すること。
(4) 身体の移動能力に関すること。
(5) 作業に必要な動作と円滑な遂行に関すること。

6　コミュニケーション
(1) コミュニケーションの基礎的能力に関すること。
(2) 言語の受容と表出に関すること。
(3) 言語の形成と活用に関すること。
(4) コミュニケーション手段の選択と活用に関すること。
(5) 状況に応じたコミュニケーションに関すること。

これらは、自立活動の具体的な指導内容ではなく、また各教科のように全てを指導しなければならないわけでもありません。それでは、自立活動の内容をどのように踏まえ、何を指導するのでしょうか。

そこで、**子供の実態把握→指導目標設定→必要な項目の選定→具体的な指導内容の設定**といったプロセスが重要になってきます。まずは実態把握ですが、子供の視機能、視覚以外の感覚の状況、学校生活の様子、保護者のかかわり方、本人の興味や関心などの情報収集を行い、その情報を整理します。そして、指導目標を設定します。その際、必要かつ達成可能であること、長期・短期（優先する目標）で設定することが大切です。その目標を達成するために、必要な項目を6区分26項目の中から選定し、選定した内容を関連させて具体的な指導内容を考えていきます。例えば、登下校のひとり歩きという目標を達成するには、白杖操作の技術だけでなく、困ったときに人に頼める力も大切です。この場合、6区分の「心理的な安定」「人間関係の形成」「コミュニケーション」に分類されている項目から選定することができます。それらの項目を関連させて、「援助依頼」に関する具体的な指導を設定していくということになります。もちろん、これらが個別の指導計画に記載されることは言うまでもありません。特別支援学校学習指導要領解説自立活動編には、各区分項目ごとに「具体的指導内容例と留意点及び他の項目との関連例が示されています。視覚障害のある子供への歩行指導に関する例もありますので、一読するとよいでしょう。

自立活動の指導内容はあらかじめ決められているわけではありません。一人一人の子供の障害の状態や発達の段階等に応じて決まります。概論としての歩行指導の内容や方法は同じであっても、AくんとBくんの歩行指導の内容や方法は異なるということをしっかり認識して、指導に当たりましょう。

第Ⅱ部　第1章

視覚障害教育における歩行指導の概要

Q3 将来のひとり歩きに向けて、育成しておくべき能力について教えてください。

　将来のひとり歩きに向けて、適切な姿勢や運動動作の獲得をはじめ、外界への興味・関心、探索能力、空間概念、直接経験に基づく知識など、「基礎的能力」を育てましょう。

1．歩行を支える「基礎的能力」

　歩行を支える「基礎的能力」には、①知識、②感覚・知覚、③運動、④社会性、⑤心理的課題の5つがあります。「基礎的能力」が十分育っていなくても白杖を用いたひとり歩きの指導を行うことはできますが、指導効率は悪く、単独で移動できる範囲は狭く限定的となる可能性がある（芝田, 2010）とされています。早期から意図的に繰り返し働きかけて「基礎的能力」を育てていくようにしましょう。

（1）知識

　ここでの知識とは、空間概念・ボディイメージ（Q12参照）、歩行環境や交通規則に関すること、数量や言語、一般常識など多岐にわたります。言葉と事物事象、身体動作、位置関係などが直接経験と結びついて理解されていることが重要です。視覚障害のある子供は、見て興味を持つ・見て学ぶ・見て試行錯誤する経験が制限されるため、体験と言葉が結びついたイメージをもてるようにします。

（2）感覚・知覚

　音や匂いの存在や種類がわかるだけでなく、感覚情報の意味を理解し、定位と移動に活用できることが大切です。例えば、車の走行音を聞いて、車の移動方向や速さを知り、自分に近づいてくる車音であれば安全のために回避行動に移ることが必要です。また、白杖操作から得られる主な情報は、触覚や運動感覚によるものです。まずは、手による探索能力を十分育てるようにします。

◆**空間の規模**

　空間の規模を行動学的に分類すると、①身体表面に接触するごく近い空間、②手を伸ばして届く範囲の空間、③身体移動を伴う空間の3つに分けられ、脳では異なる空間として処理されています。身体イメージ・身体運動イメージ・空間イメージの形成は、身体を動かしたり、移動運動をしたりすることで得られる運動感覚や前庭感覚などが重要な役割を果たしています。

◆**身体イメージ・身体運動イメージ**

　運動発達には順序性があり、粗大運動と微細運動の2つに分けられます。粗大運動は全身の移動や平衡の保持にかかわり、微細運動は手指による物の操作に関係し認知や好奇心とも関連があります。赤ちゃんは自分の手足や外界にある物を見て好奇心を示し、手を伸ばしたり歩いて近づいたりするなど試行錯誤して体を動かし、運動機能や身体・身体運動イメージを発達させます。

> **要点** 手足で確かめたり、歩いたりすることを通して、経験の幅を広げ、知識や意欲を育むとともに、適切な運動動作を獲得できるようにしましょう。

◆身体移動における並進運動と回転運動

　移動を伴う空間での身体移動は、並進運動（直進等）と回転運動（方向転換等）から構成されます。視覚障害のある子供は、例えば、「右に曲がる」「45度曲がる」といった回転（身体の向きの変化）のイメージを持ちにくいことが知られています。適切な言葉かけや指導の工夫が必要です。

◆空間イメージを形成する基準

　人は空間をある基準（空間参照枠）によって区切ることで理解し、行動しているとされます。空間参照枠は、自己の身体を基準とした上下、前後、左右の順に発達します。その後、他者や他の物などを基準とした位置関係の理解が進み、さらに、空間の種類や目的によって空間参照枠を使い分けられるようになると考えられます。空間イメージの形成には身体イメージの確立が必要です。

（3）姿勢・運動動作

　見た目に自然な姿勢や歩行運動ができるかどうかは、身体中心軸の確立や筋運動感覚との関連性があります。頭部やつま先、骨盤の向きによっては、平地や階段昇降でうまく直進歩行ができずに徐々に曲がってしまう（ベアリング、Q28参照）ことも生じます。「気をつけの姿勢」で適切な立位がとれるようにし、普段から猫背や側わんにならないよう適切な姿勢を意識できるようにします。

（4）社会性

　社会性は、白杖を用いたひとり歩きにおける援助依頼（Q43参照）で特に重要となります。自分からあいさつやお礼を言う、話すときの声の大きさ・言葉遣い・姿勢、マナーや服装に気を配ることの他に、自分の目的を適切に言葉で表現したり、援助を依頼した相手の状況などを思いはかったりなど、他者とのよりよいコミュニケーションを図る力が必要です。自分から他者に働きかけられるようにします。

（5）心理的課題

　心理的課題は、「知りたい」「やってみたい」「自分でできるようになりたい」といった、外界への興味・関心、意欲、自立心などであり、白杖を用いたひとり歩きの基盤となるものとも言えます。ひとり歩きでは、ときには危険を伴い、迷ったりつまずいたりすることもあります。不測の事態において、不安になりながらも試行錯誤して適切に対応していく判断力や行動力が求められます。

歩行を支える「基礎的能力」の指導について教えてください。

あらゆる機会を利用して直接経験を持てるよう働きかけ、自ら身体を動かし試行錯誤することを通して、歩行を支える「基礎的能力」を育てていきましょう。

1．あらゆる機会を指導の場とする

「基礎的能力」の内容は、自立活動の時間だけでなく、体育や算数・数学など各教科の授業、休み時間の遊び、給食や着替えといった日常生活の指導など、あらゆる場面で働きかけたり、指導したりするようにします。視覚障害のある子供は、運動量が圧倒的に少ないと言われています。空間イメージを形成するには、まず身体イメージや身体運動イメージを育てることが基本となります。知識や言葉と運動を結びつけて、手足を動かす、移動する等の経験を多くもてるようにします。

2．チェックリストや「個別の指導計画」を活用する

「基礎的能力」の育成には早期からの働きかけが大切ですが、体系的に指導するには、行動観察やチェックリストの活用、「個別の指導計画」への記載と引き継ぎが必要です（Q8、Q10参照）。また、教員間はもちろん、保護者とも意図的な働きかけの重要性を共通理解できるようにします。視覚障害幼児（者）用に作成された、「ボディイメージチェックリスト」や、発達検査、発達基準表・指導書などが参考になります。

3．知識を育てる

知識の指導の中心は、その場の状況を言葉で説明するなど事物事象や身体の動き・感覚情報と言葉とを結びつけていくことです。例えば、ガイド歩行で買い物に行くときに車が近づいてきたら、「後ろから車が来たから止まって待とうね。2台目の車はもう来ないかな？よし進もう。次の角を右に曲がるよ。」などと声をかけます。同様に、信号や歩道橋など歩行環境にある事物や、天候・季節・時間等も体験を通して、意味・役割や構造等を理解できるようにします。ガイド歩行は適切な歩行姿勢やリズミカルな歩行を学習する機会にもなります（Q17参照）。

◆発達検査等

視覚障害のある子供者用の「ボディイメージチェックリスト」(Cratty & Sams, 1968) は、日本語に翻訳されており、簡便にチェックができます。盲乳幼児用の発達検査として、広D-K式視覚障害のある子供用発達診断検査があります。また、「視覚障害のある子供の発達と指導」(五十嵐, 1993) には、項目別の発達基準表や指導法等が紹介されています。

| 要点 | 「基礎的能力」の内容は多岐にわたります。学校だけでなく、家庭や寄宿舎とも連携して、意図的に働きかけていくことが大切です。 |

◆**指導例1：教室内の配置理解と移動**

自分の教室は、学校生活の大半を過ごす場所です。入口や自分の机等を基点として、物の配置を理解したり移動したりできるように指導し、安心して学習や生活ができるようにします。一つの基点から配置の理解や移動ができるようになったら、基点を様々に変えて教室の全体像が理解できるようにします。探索や地図作りなどを通して自分の教室をしっかり理解できたら、その知識をもとに、図書室や食堂などより広く複雑な教室等の配置理解・移動へと進めます。

◆**指導例2：校舎内の移動**

校舎内の移動には、白杖を用いたひとり歩きでのルート練習に直接つながる諸技術が含まれます。自分の教室を出発点とし、目的地を様々な教室として、ルートや手掛かりを覚え移動できるようにします。また、方向の取り方や手による伝い歩き、手掛かりの活用方法など屋内移動の技術を身に付け、一人で安全に歩ける範囲を広げていくようにします。あわせて、教室の並びや建物全体の構造を理解できるよう、箱を教室に見立てて並べたり積んだりする地図の学習も行います。

4．身体イメージ・身体運動イメージを育てる

手足を動かして触覚や筋運動感覚、前庭感覚等を得られるようにします。遊びや生活の中でも、手指運動、感覚運動、移動運動等を育てられるよう意図的に働きかけます。例えば、ブランコやトランポリン等の大型遊具は前庭感覚に働きかける遊びです。叩いたり、指で押したりすると音が出る楽器や玩具は手指の運動を伴います。鬼ごっこは声や音への接近・回避といった身体移動を伴える遊びです。また、イスによじ登って座ったり、降りたり、床に落とした物の音を頼りに拾うことも自分の体をうまく動かす練習になります。

5．手の届く範囲の空間イメージを育てる

身体移動を伴わない手を使った遊びや、机上での教材教具を使った学習は、身体中心軸を中心とした手の届く範囲の空間イメージを育てることにつながります。手を動かして触るといろいろなことがわかる、基点を設けて端から端まで手を動かして探すなどの体験を積み重ねていきます。自分から手を動かして物や空間を探索しようとする能力は、諸感覚や白杖操作により自ら情報を得て環境を理解しようとする力につながります。

6．身体移動を伴う空間のイメージを育てる

欄外の指導例をご参照ください。

7．探しやすく覚えやすい環境を工夫する

空間把握や移動の困難性を軽減するための環境を工夫すること（構造化）も大切です。例えば、ロッカーや靴箱の位置は一番端の一番下の段にすると探しやすく覚えやすいでしょう。教室内の自分の机やいす、教室の入口など覚える必要性が高い物や場所には、触ってわかるマークや音の出る手掛かりを付けたり、床材を変化させたりするとわかりやすくなります。さらに、覚える必要がある物は入口から壁に沿って移動すると到達できるようにするなど配置を工夫します。また、時計や水槽などの音がいつも同じ位置から聞こえてくると、自分がいる位置や身体の向きを知る手掛かりになります。

その手掛かりの存在と使い方を教え、自分でわかり移動できるよう、段階的に指導を進めていくことが大切です。

第Ⅱ部　第1章　視覚障害教育における歩行指導の概要

5 歩行の経験で得た知識や技術を生かす指導について教えてください。

1．経験で得た知識や技術を核として

　保護者と散策したり、授業で先生に見守られながら歩いたりした経験は、外界への意欲を高め、環境を把握するために必要な手掛かりや白杖操作の技術を学ぶ機会になります。しかし、それを単に体験や経験として終わらせないために、歩いた経路や位置関係を自分で表現する学習が求められます。それは、歩行地図の明確化、予測と確かめに基づく論理的な歩行へと発展していきます。

2．"なんとなく歩ける"から"論理的な歩行"へ

　論理的な歩行は、出発地、現在地、目的地の位置関係を理解して頭の中の歩行地図に展開し、状況を予測しながら確かめて歩くことを意味します。言い換えれば、頭の中で経路を再現できることです。

　「歩いて楽しい」「坂道があった」「いつもよりたくさん歩いたから遠い場所だ」といった最初の段階から、徐々に歩いた経路全体を表現する段階へと発展させましょう。

　口頭の場合は、時系列に沿った順序、および自分を中心として表現する前後左右を明確にしていきます。歩行用触地図が活用できるならば、棒磁石で表現したり、その地図上で自分の指を動かして説明したりすることができます。この場合、自分中心の身体座標軸だけでなく、出発地と目的地の位置関係、東西南北を軸とした空間座標軸に基づく理解へと展開できます。

歩いた経路を棒磁石で表現

　このような取組を通して、口頭だけの説明から、自分で経路や聴覚的・触覚的な手掛かりを配置させた２次元、３次元の歩行地図を頭に描き出せるようになってきます。そして、その歩行地図と照らし合わせながら、全体と部分の関係、すなわち経路と現在地の関係を把握して次を予測し、安全に歩く力に発展させていきます。

3．領域間のアンバランス

　諸感覚の活用に基づく環境把握、基本的な歩行運動には、個人差があります。それらは、ボディイメージの理解、聴覚や触覚の活用、運動と知覚の相互作用、概念の習得、空間の理解などが関連します。

> **要点** 経験を踏まえた予測と確かめに基づく論理的な歩行、そして自分なりの歩行スタイルの確立に向けて取り組みます。

学校内にある建物の位置関係を模型で確認

　これらの学習が不十分で、後から獲得できる場合、このアンバランスを解決する丁寧な指導が求められます。特に、空間の理解は、個人差が生じやすく、手の届く範囲の空間と、自分が移動しながら環境が変化していく空間を関連付けながら指導していくことが求められます。例えば、ドアを基準にして教室内を歩いた後、机上に置いた模型で再現する学習などに取り組むことができます。

4．自分にあった歩行スタイルの確立

　歩行指導は、一般的に難易度や行動範囲の拡張に応じて、住宅街、交差点を含む幹線道路沿い、商店街、駅前や駅構内などへと展開されます。その中で、道路、交差点、駅などで各共通する構造に着目し、安全に歩くうえでの知識・技術を指導します。そして、交通機関の利用を含む体系的な歩行指導が、ひとり歩きにつながる自立した力を高めます。

　一方、高等部以上になると、体系的な歩行指導だけでなく、自分の歩行能力や生活様式に沿った歩行スタイルを考慮することが求められます。その際、個々のニーズに応じて、社会との接点を設けていく観点が求められます。例えば、ATMでの現金引き出し、寄宿舎からの帰省、月1回程度の通院、近隣の店舗での買い物、治療院等での実習などです。それらのニーズに対して、ひとり歩きが可能なのか、あるいはガイド歩行などの社会資源が活用できるのか、移動時の安全を確保したうえで、本人と共に考えていくようにします。

　また、不慣れな行き先や想定外の事態に対して、援助依頼（Q43参照）を活用できるようにします。この援助依頼は、目的地までの時間、距離、混雑状況、交通機関の利便性、あるいは歩行に対する自信、安全確保の度合いなどに応じて、方法や頻度に違いが生じます。

　歩行の特性を理解し、一人でできること、人の助けを得て達成できることを、適切に判断できるように指導していきます。必要に応じて、人の助けを得る態度や方法を学習することは、自分の歩行スタイルを確立するうえで重要です。

視覚障害者にとっての白杖の法的根拠について教えてください。

あまり知られていませんが、視覚障害者の白杖所持は、道路交通法（昭和35年6月25日法律第105号）に定められています。視覚障害者及び白杖に関する条項は、同法第2章第14条と、第4章第71条です。

1．道路交通法と白杖

【第2章第14条第1項】
「目が見えない者（目が見えない者に準ずる者を含む。以下同じ。）は、道路を通行するときは、政令で定めるつえを携え、又は政令で定める盲導犬を連れていなければならない。」

政令で定める杖については、同法施行令第8条に「（前略）政令で定めるつえは、白色又は黄色のつえとする」と規定されています。このことから、視覚障害者には白杖を持つ義務があることが法律で定められていることがわかります。

【第2章第14条第2項】
「目が見えない者以外の者（耳が聞こえない者及び政令で定める程度の身体の障害のある者を除く。）は、政令で定めるつえを携え、又は政令で定める用具を付けた犬を連れて道路を通行してはならない。」

したがって、白杖を持つことができるのは、基本的には視覚障害者のみということになります。

第4章第71条には、自転車を含めたすべての車両の運転者が守るべき事項として、

「（前略）目が見えない者が第14条第1項の規定に基づく政令で定めるつえを携え、若しくは同項の規定に基づく政令で定める盲導犬を連れて通行しているとき（中略）は、一時停止し、又は徐行して、その通行又は歩行を妨げないようにすること」と規定されています。この規定は、運転者に自動車や自転車を確認することが難しい視覚障害者の安全を確保する義務を課していると言えます。一方、視覚障害者が白杖を所持する場合には、運転者から白杖が見えるように配慮する必要があると言えます。よって、白杖を袋やバックの中に入れて運転者から見えなくした場合には、適切に白杖を携えているとは言えないと考えられます。これらのことから、道路交通法は「視覚障害者が運転者から見えるよ

◆道路交通法とは
　同法は、道路における危険を防止し、交通の安全と円滑を図ることを目的としており、歩行者の通行方法、車両・電車の交通方法、運転者の義務、道路の使用、運転免許などについて定めています。

| 要点 | 白杖は、道路交通法に定められています。法令上も白杖を持つことが、安全な歩行につながることを子供に伝えていきましょう。 |

うに白杖を携える義務」と、「道路を優先的に歩く権利」を定めていると言えます。

　子供に白杖を持つ理由を説明するときには、道路交通法という法律が根拠となっていることを分かりやすく伝え、白杖を見た周りの人が自分の安全を守ってくれることを理解できるようにすることが大切です。

2．弱視者と白杖

　道路交通法には、目が見えない者だけでなく、「目が見えない者に準ずる者」も白杖を持たなければならないと定められています。この「目が見えない者に準ずる者」は、道路交通法施行令第8条第4項にある「道路の通行に著しい支障がある程度の（中略）視覚障害」に該当します。

　同法は誰もが安全に道路を使えるようにするための法律です。多くの場合、弱視者が白杖を持つことで安全性が高まります。また、視覚障害者が高齢者や子供と衝突する事故も起こっています。いわゆる交通弱者と言われている者同士の事故では、視覚障害者が加害者になってしまうことも考えられ、何らかの責任を問われる可能性もあります。その際、視覚障害者が白杖を持っていなければ、道路交通法で規定されている白杖所持の観点から責任が問われるケースもあるでしょう。白杖を持ちたくない視覚障害者に対して、学校としてどう対応していくのかを考えていく必要があります。学校としてのコンセンサスをつくっていくことが重要です。

　いずれにしても、白杖を振っているときには周りの人にも配慮した思いやりのある歩き方をすることが大切です。

　また、白杖の必要性について、道路交通法の観点から説明するなどして、保護者などの理解を得ることも重要です。

第Ⅱ部　第1章　視覚障害教育における歩行指導の概要

Q7 学校で行われる歩行指導は、どのようなものがありますか。

1．学校における歩行指導

「歩く」ということを、「安全に、能率良く、目的地に移動して、その目的を達成するために歩く」と定義すると、歩行指導は、その「歩く能力を育てる」ことと言えます。そのため、学校生活全般を通して、子供が歩こうとする行動に対して役立つ指導や、すべての働きかけが歩行指導となります。学校における歩行指導は、子供の実態（発達段階、生活年齢、眼の疾患、保有視力の有無、失明時期、視覚以外の障害、歩く手段、家庭環境など）を把握し、これをもとに「個別の指導計画」（Q8、Q10参照）を作成したうえで指導、評価することが大切です。

2．歩行指導の時間

盲学校や特別支援学級（弱視）において、歩行指導を特設した時間で行う場合、自立活動の時間のほか、放課後や登下校の時間、長期休業中などを利用して計画的に行われています。また、寄宿舎を利用している舎生には、必要に応じて帰省指導と関連付けながら、公共交通機関の利用やマナー、利用する駅構内の歩行についても指導します。

3．歩行指導の内容の検討

盲学校における歩行指導では、はじめに歩行を支える「基礎的能力」の指導が行われます。特に、先天性の視覚障害がある子供であれば、家庭や学校などあらゆる場面で早期からの意図的な指導が求められます。そして、子供の学習能力や必要性が高まれば、歩行の指導が展開されますが、直接的な歩行技術の指導だけでは、ひとり歩きをするための能力は身に付きません。発達段階に即した個々の実態に基づいて、歩行の基礎となる感覚や知覚の活用、概念の形成、身体の動きなどの課題から指導していくことが望まれます。また、歩行指導には、「（1）通学などその学年や年齢に応じて必要な目的地までの歩行指導」と「（2）卒業後や青年時を見据え、将来の単独歩行に必要な歩行指導」があり、これらを相互に検討することが求められます。

◆歩行を支える「基礎的能力」

「基礎的能力」についての詳細は、Q3、Q4、Q11参照

| 要点 | 白杖の指導だけではなく、学校生活全般を通して、子供が歩こうとする行動に関するすべての指導や働きかけが歩行指導であると言えます。 |

◆**視覚障害者の歩行形態**
①ガイド歩行
②補助具を使用しない歩行
　（屋内歩行）
③白杖を使用した歩行
④盲導犬を使った歩行
⑤白杖以外の補助具を使用した歩行
　一般に視覚障害者の歩行形態は、上記の①～⑤に分類されます。
　そのうち、盲学校や特別支援学級（弱視）で指導する主な歩行形態は、①②③の3つで、必要に応じて⑤が加わります。

◆**「歩行地図」**
　「歩行地図」ついての詳細は、Q15参照

4．歩行指導の種類

　ひとり歩きに向けた指導について、ある学校における指導の展開例を紹介します。

　次表に示すとおり、歩行に必要な基本的な資質・能力（「基礎的能力」、身体の動き、環境の把握、歩行地図の活用）と歩行方法（屋内の移動、ガイド歩行、白杖を使用した歩行など）、その他（交通ルール、福祉制度の利用など）についての知識や技能について指導しています。

【ある学校における歩行指導の展開例】
（1）歩行に必要な基本的な資質・能力
　　　①「基礎的能力」　②身体の動き
　　　③環境の把握　　　④歩行地図の活用
（2）屋内の移動
（3）ガイド歩行
（4）白杖を使用した歩行
　　　①白杖の基本的操作
　　　②白杖を用いた屋外での移動
　　　③交通機関等の利用
　　　④援助依頼とマナー
（5）その他

5．白杖を使用した歩行指導

　白杖を使用した歩行指導では、ひとり歩きの必要性、子どもの体力（体格）、意欲、精神的発達（判断力等）、「基礎的能力」、情報の利用に関する学習能力などについて把握し、歩行指導の内容や開始時期について検討することが必要となります。

　その際、本人や保護者のニーズを踏まえ、学級担任などの指導者といわゆる歩行訓練士などが連携して、指導内容や実施方法、場所などを選定することが、より効果的な歩行指導につながります。

第Ⅱ部　第1章　視覚障害教育における歩行指導の概要

51

Column 1

歩行指導の必要性

　私は盲学校に中学部から入学しました。当時の視力は右が0、左が0.03程度で、多少夜見えにくく歩きにくいことはありましたが、歩行に白杖を使う必要はないと思っていました。ところが、中学2年の頃から視力の低下が進み、いよいよ白杖を使わないで歩くには危険が多くなってきました。それまでは、まわりの生徒がどのように白杖を使っていたのかを見ることができたので、なんとなく見よう見まねでやっていました。歩行指導を行う前の評価の段階になると、勘も良かったのか、歩行指導の必要性はないとされました。また、高等部普通科での歩行の時間は、選択制だったので、選択しなかったこともあり、大学を卒業するまで歩行指導を受けたことはありませんでした。もちろん、白杖の使い方についても我流でした。その結果、大学卒業までに、3度ホームから転落してしまったのです。転落しそうになったことは何度もあります。しかし、幸い大けがもなく、現在に至っています。

　大学卒業後、パソコンを習うために国立障害者リハビリテーションセンター（通称国リハ）に通うことになり、入所時に歩行の評価を受けました。我流であることがすぐに見破られ、3カ月間に及ぶ歩行訓練を受けました。

　室内での白杖の基本的操作から習い、施設の周辺、近くの駅のホームの訓練と進み、最後は都内での就職を考慮し、新宿や池袋といった大きな駅での訓練を受けました。基礎的な訓練は退屈でしたが、ホームや横断歩道での白杖の使い方も習得できました。二十数年経った今でも、あれから1度もホームから転落したことも、自動車事故もありません。都内の大きな駅での歩行訓練は、駅の構造を理解し、乗換や周辺の目的地へ行くために、頭の中で地図を描くことに役立っています。

　このように振り返ると、盲学校における歩行指導の重要性がよくわかります。歩行指導を始める前の評価も重要です。歩行指導の専門職のニーズは高いと思いますが、盲学校にはその教員が少ないという現状があります。一人でも多くの教員が歩行指導のための専門的な研修を受け、子供たちのために活躍してくれることを期待しています。

（埼玉県立特別支援学校塙保己一学園教諭　中野　亮介）

Column 2
次はどこに行くの?

　歩行指導というと、どうしても白杖操作の指導や技術の向上がイメージされがちですが、決して白杖操作だけではないということを子供から学びました。

　A君は、先天全盲の男児です。白杖を振っての歩行は2年目でした。歩車道の区別のない道路での様子では、ベアリングがとても多く、直線歩行が苦手だなという印象をもっていました。そこで、ベアリングからの回復を中心に行いましたが、A君もすぐにガイドラインに当たってしまうこと、なかなか目的地に着かないことにストレスがあったようで、歩行に対するモチベーションの低下を感じていました。

　そこで基本にたちかえり、「基礎的能力」の再検討を行いました。A君はボディイメージが弱く、身体の中心（正中線）に対するイメージがあまり持てていないことに気がつきました。白杖を身体の中心で構えるように指示をすると、中心よりも右側に杖を構えて振ることが多く、歩行時においてはそれが顕著に表れていたのです。

　そこで、歩行の前に正中線を意識できるような学習を取り入れることにしました。歩行の際にも、歩行前に行った活動と同じ表現でA君にフィードバックし、歩行前の運動と実際の歩行はつながっているということを意識できるようにしました。A君としては慣れた歩き方ではないので、歩きにくさもあったと思いますが、練習を重ねていくと、正中線をしっかり意識しながら白杖を振って歩けるようになり、ベアリングも減ってきたのです。

　ある日、一度もベアリングすることなく目的地に着くことができたA君は、「いつもよりも早く公園に着くことができたよ。歩くのが上手になった気がするなぁ。次はどこに行くの？」と気持ちの面でも前向きな発言をすることができたのです。

　A君への歩行指導を通して、技術や対応方法も大切ですが、歩行に必要な「基礎的能力」や成功経験を重ねることから得られる「歩きたい」という気持ちも同時に育てていかなければならないということを改めて学ぶことができました。

（千葉県立千葉盲学校教諭　髙田　拓輝）

Column 3

歩行指導の教科書

　私が歩行指導に携わってきた中で、教科書の一つとしてきたのが、『歩行指導の手引』（1985年、文部省）です。

　この中で、歩行能力とは、「感覚情報の収集と処理能力、及び運動能力などによって構成される総合的な能力」と位置付けています。感覚情報の収集と処理能力は、「事前に予測して感覚情報で確かめる」力であり、歩行指導に限らず「様々な指導内容の根底に共通する」ものと述べています。そして、歩行指導は「環境認知と歩行運動の調和」に基づいて取り組むものであることを強調しています。

　基本的な白杖操作は大切です。しかし、事前に予測し、確かめ、必要に応じて修正する力があってこそ、主体的な歩行ができると日々の実践の中で感じています。それは、頭の中に位置関係を示す地図や経路を作成し、そのイメージに従って歩くことを意味しています。また、動作と認知による情報処理が、イメージとしての空間と実際の歩行空間を一致させ、それが安全を確保することにつながっていくと考えています。

　この本の中では、歩行能力を以下の6つに分類して、さらに具体的に示しています。それらは、指導計画を立てるうえで、参考になるものです。

　①保有する感覚から得られる手掛かりを有効に活用できる能力
　②空間の中での自己の位置づけや目的地の方向などを正しく理解できる能力
　③歩行コースをイメージ化したり、コースを選択できる能力
　④思いがけない場面や状況などに、とっさに対応できる能力
　⑤他の人から情報を提供してもらったり、必要に応じて援助を要請できる能力
　⑥歩行補助具を有効に活用できる能力

　また、指導内容として、「1　基本的な歩行運動」「2　環境の認知」「3　地理的空間概念」「4　白杖の基本的操作」「5　実地におけるひとり歩き」「6　交通機関及び移動施設の利用」「7　自立への態度と習慣」に分類して、解説しています。上記の育成すべき能力と関連させながら、指導の段階や位置付けを明確にしていくうえで参考になるものです。

　絶版になったとはいえ、歩行指導の考え方、指導法は現在でも生かせるものばかりです。それは、先達の方々が、試行錯誤を経ながら歩行指導を発展させてきた証でもあるからでしょう。現在、この本の入手が困難な中で、そのキーワードやエッセンスを本コラムで共有し、系統的な歩行指導を展開するうえで役立つことを願っています。

（筑波大学附属視覚特別支援学校教諭　山口　崇）

第2章

個別の指導計画の作成・活用等

Q8 個別の指導計画の作成に当たって、基本的な考え方を教えてください。
Q9 歩行に関する実態把握は、どのようにしたらよいでしょうか。
Q10 PDCAを踏まえた個別の指導計画の作成・活用について教えてください。

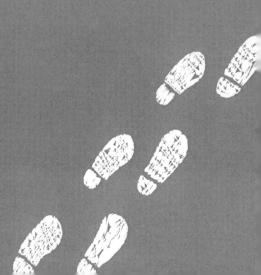

Q8 個別の指導計画の作成に当たって、基本的な考え方を教えてください。

1. 個別の指導計画とは

　個別の指導計画とは、「幼児児童生徒一人一人の障害の状態等に応じたきめ細かい指導が行えるよう、学校における教育課程や指導計画、当該幼児児童生徒の個別の教育支援計画等を踏まえて、より具体的に幼児児童生徒一人一人の教育的ニーズに対応して、指導目標や指導内容・方法等を盛り込んだ指導計画」です。単元や学期、学年ごとに作成され、それに基づいた指導が行われます。歩行についても、子供の実態に合わせて、個別の指導計画を作成します。

　また、個別の指導計画は、個別の教育支援計画と連動させながら作成することが大切です。その際、本人・保護者のニーズが大切です。将来、どこでどのような生活を送りたいのか等を踏まえ、子供の実態と合わせて検討を行い、歩行に関する個別の指導計画を作成することが必要です。

2. 教育課程における歩行指導

　自立活動の指導は多岐にわたっており、多くの時間を必要とします。自立活動の指導項目を関連させずに別々なものとして指導していては、継続的に指導していても、十分な成果を期待することはできません。そこで、子供が身に付けるべき様々な力の根底に共通点を見出し、それを基本的事項として、関連付けて指導することが重要となります。

　例えば、「点字の読みの習得」と「点字ブロックの伝い歩き」を身に付けたい場合、その根底には「自分中心の前後左右がわかること」や「対象物から手や体を離さずにたどること」「手指を使って道具を操作すること」等の共通点が挙げられます。これらを、子供の発達段階や他の学習、季節や学年、学校行事等と教育課程全体の中で関連付けるようにする必要があります。点字の読みだけ、点字ブロックの伝い歩きだけの練習では、習得に時間がかかるばかりでなく、培った力が他の場面には般化されない可能性があります。つまり、歩行指導の計画は、継続的な個別の教育支援計画、個別の指導計画を前提として、指導段階ごとに作成することが大切です。

◆**個別の教育支援計画**

　障害のある幼児児童生徒一人一人のニーズを正確に把握し、教育の視点から適切に対応していくという考え方の下に、医療、保健、福祉、労働等の関係機関との連携を図りつつ、乳幼児期から学校卒業後までの長期的視点に立って、一貫して的確な教育的支援を行うために、障害のある幼児児童生徒一人一人について作成した支援計画。

> **要点** 歩行に関する本人・保護者の希望や実態把握をもとに、達成可能な指導目標を立てます。日常生活に般化できる能力を育てる観点が必要です。

◆視覚障害の程度などに応じた指導方針の違い

①先天盲

周囲の環境の主体的な把握が困難なため、乳幼児期から触覚的探索などを通して部分的な情報を一つ一つ関連づけていくことが大切。白杖の操作方法の前段階である、基本的な運動、環境認知、地理的空間概念などに十分時間をかけることが必要。

②中途障害

失明のショックに対する心理的な側面に配慮しながら、自信がもてるように配慮することが必要。見えていたころの視覚的なイメージと結びつけて、総合的に環境を認知する能力を向上させることが有効。

③重複障害

個々の子供の障害の状態や発達段階等に応じて課題を設定する必要がある。行動範囲を次第に広げられるよう、質の良い経験を通して知識を獲得したり、判断力を養ったりすることが大切。

④弱視

日常生活における見え方の把握が重要。小学部低学年までの段階における指導については、視覚の活用が加わる以外は、先天盲児の場合とほぼ同様と考えてよい。

3．視覚障害の程度や個人差に応じた指導目標と内容の設定

「歩行能力」は、感覚情報の収集と処理能力、および運動能力などによって構成される総合的な能力です。個人差が大きくなることから、個別の指導計画の作成が基本ですが、視覚障害の受障時期や程度、発達の状態によっては共通する側面もあります。視覚障害の程度などに応じた指導方針に、子供の行動観察、各種検査や生育歴、歩行に必要な「基礎的能力」等について実態把握を行い、個別の指導目標や指導内容を設定していきます。

4．歩行指導の形態と指導体制

個別の指導計画に基づいて個々に応じた歩行指導を行う場合、誰が、いつ、どこで指導するか、どのような指導体制にすればよいかを検討する必要があります。例えば、小学部低学年における歩行を支える「基礎的能力」の指導においては、担任と専門的知識を有する教員等との共通理解のもと、様々な場面で指導を行う必要があります。また、内容によっては1対1でなく、ゲーム的要素を含んだものなどを集団で行うことも可能です。

5．個別の指導計画の作成から指導・評価の手順の例

個別の指導計画を作成したが、あまり活用しなかったという例もあります。個別の教育支援計画とも関連させながら、関係職員間で共通理解を図りつつ、PDCAサイクルを踏まえることが大切です。

①子供の実態（歩行を支える「基礎的能力」、「歩行能力」など）や本人・保護者のニーズを的確に把握し、課題の整理を行う。【P】

②実態把握と整理した整理を踏まえ、長期目標（当該学部の目標や年間目標など）を設定する。さらに、長期目標を達成するためのスモールステップとして短期目標（学期の目標や単元目標など）を設定する。【P】

③目標の達成をめざして指導形態や指導内容・方法・時間などを検討する。【P】

④作成した個別の指導計画に基づいて指導を行う。【D】

⑤指導後は適宜（授業、月、学期、単元ごとなど）評価を行い、必要があれば指導内容等の改善を行い、その改善に基づいた指導を行う。【C・A】

第Ⅱ部　第1章　個別の指導計画の作成・活用等

歩行に関する実態把握は、どのようにしたらよいでしょうか。

視覚障害者にとっての歩行は、感覚情報の収集と処理、及び運動能力など総合的な力が必要です。そのため、歩行指導上の課題の整理、指導目標の設定、指導内容（配慮点含む）や指導方法の検討に当たり、的確な実態把握をすることが重要です。

1．実態把握から歩行指導へ

歩行指導においては、種々の基本的情報や本人の歩行に関する状態、具体的なニーズや歩行目標をもとに、一人一人に合った指導内容や指導方法を選定して指導することが大切です。つまり、歩行指導を進めるに当たっては、一人一人の実態を総合的・多面的に捉えることが一段階になります。

2．基本的な情報の把握と目標設定

学習や生活の経験は一人一人異なるため、歩行指導につながる情報収集の観点として「客観的な情報」と「歩行に関する能力の把握」を取り上げ、歩行目標の設定につなげるようにします。

（1）客観的な情報

歩行指導を行ううえで必要になる医療情報や学習能力、生活能力を知るために、言語の理解、全身の運動、社会性などの知識・理解や身体運動などの状態を把握することが必要です。これらの情報は、本人との会話や保護者等からの聞き取り、日々の学習面・生活面での行動観察や種々の検査などから把握することができます。表1に観点の一例を示します。

表1　実態把握：客観的な情報（例）

【医療情報】 ・視機能の状態 ・視覚以外の状態	視力、視野、眼圧、疾患状況、眼鏡の使用 聴覚、嗅覚、触覚、平衡感覚、身体的損傷、内部疾患、運動能力・体力等
【学習能力】	言語・指示の理解、概念形成、認知、記憶、学力、地図理解等
【生活能力】 ・生活や自立に関する状況 ・興味・関心	学習・生活への意欲、集中力、コミュニケーション能力（社会性）、障害への自己理解、安全への意識、職業・社会生活に向けた意識と能力、性格等
【その他】 ・生活環境 ・保護者のかかわり方	様々な環境での歩行経験、交通機関の利用、買い物の経験、指導への理解・協力等

◆実態把握から実際の歩行指導までの流れ（例）
①基本的な情報や歩行の状態の把握
②実態および課題の整理
③歩行目標の設定
③指導内容・方法などの検討
④本人・保護者と目標および指導内容・方法などの確認
⑤歩行指導開始

◆歩行指導につながる実態、および配慮事項の具体例

眼圧が高い場合は、眼球への衝撃を防ぐため、眼鏡や保護用ゴーグル、帽子の装着を検討したり確認したりできます。聴覚を活用できる子供であれば、音の違いや音源の方向などがわかる場合、自動車の停車音や走行音などの判別に音を活用できることもあります。また、生活状況に応じて、公共の交通機関を利用する機会が少ない場合は、乗り物の構造や乗降方法など基本的な事柄から学習し、利用の機会を保護者と検討するということも考えられます。

要点

「客観的な情報」と「歩行に関する能力」で整理するとともに、総合的・多面的に実態を把握することが大切です。

（2）歩行に関する能力の把握

より具体的に実態を整理できるよう細分化した観点でとらえます。具体例を示します。

「歩行能力」の概要（例）

①歩行に必要な基礎的な知識
・歩行環境の中にある物（電柱やポスト、交通標識等の構造や働き）の理解や、タクシーやバスなどの構造や乗降時のルール理解。

②身体の動き
・身体の概念や直線、方向の概念を理解し、方向を転換したりして歩くことができることや、バランスのとれた姿勢で歩いたりできる。

③環境の把握
・聴覚や触覚などを手掛かりに、傾斜が分かったり、反射音で路地や建物の存在が分かったりするなど、感覚を活用した環境の把握ができる。

④歩行地図
・教室や自宅などの間取りなどを積み木や表面作図で表現するなど、空間概念の形成がなされている。
・校内のどの目的地にも、様々なコースから選んで歩行できたり、ルートに合った歩行運動を判断したりすることができる。

（3）歩行目標の設定

子供の歩行に関する全体像が把握できたら、「教室から保健室まで一人で移動する」「学校から自宅まで単独で通学する」など、子供の実態や教育的ニーズ、本人・保護者の要望も踏まえながら歩行目標を設定します。この歩行目標は、長期目標と短期目標に分けるとよいでしょう。短期目標は指導段階が進むにつれて見直しを行い、あわせて指導内容や指導方法についても見直しを検討していきます。

3．具体的な実態把握

具体的な実態把握を行うために、実態把握表を活用します。「（1）客観的な情報」や「（2）歩行に関する能力の把握」の実態から「（3）歩行目標（長期・短期）」を設定し、歩行指導を行う歩行ルートなどを具体的に記載していきます。歩行実態表としてまとめることで、実際の歩行指導と関連付けを図ることができます。巻末（第Ⅲ部　資料編、P.199）に一例を示しましたが、子供の実態や各校の状況に応じて記載方法や、内容を工夫することでより把握しやすくなります。

第Ⅱ部　第1章　個別の指導計画の作成・活用等

Q10 PDCAを踏まえた個別の指導計画の作成・活用について教えてください。

　PDCAサイクルは、行動プロセスの枠組みの一つです。
　個別の指導計画は、Plan（指導計画の作成）、Do（指導実践）、Check（指導の評価）、Action（指導の改善）の4段階を繰り返しながら作成・活用し、継続的な指導の改善を図ることが大切です。

●個別の指導計画作成の配慮事項（Plan）
（1）適切な目標設定
①具体的で達成可能な目標の設定
　実態把握からわかった、歩行ルート、歩行方法の他、歩行に必要な基礎的な資質・能力（「基礎的能力」を含む）を踏まえ、できるだけ具体的な目標を設定する必要があります。また、少しの努力や指導の工夫により、達成可能な目標を設定することが大切です。

②長期目標と短期目標
　長期目標と短期目標を関連付けて、目標設定することが大切です。例えば、長期目標を「学校からバス停まで移動する」とした場合、子供の基礎的な資質・能力を考慮して、「点字ブロックや壁の伝いができる」、「交差点横断ができる」など具体的に短期目標を設定していきます。その際、スモールステップで段階を踏んだ指導計画となるように配慮します。また、実際に指導した結果、必要に応じて目標の変更や修正を加える等、柔軟に改善することが重要です。

③各教科における基礎的な能力の目標の設定
　歩行指導は、自立活動の時間だけでなく、学校の教育活動全体を通して行うものです。特に、小学部段階では、歩行に必要な基礎的な資質・能力の育成を重視し、各教科の担当者が連携して指導することが重要です。

（2）指導内容表の作成と活用
　担任等が中心となって個別の指導計画を作成しやすいように、各学校で歩行指導の指導内容表を作成し、活用することが望まれます。子供の発達段階、指導の記録等を考慮しながら、指導内容表を活用していくことで、適切な目標や内容の設定、効率的な指導が可能です。

◆「基礎的能力」（Q3、Q4、Q11参照）
　実際の歩行指導の対象である歩行能力を円滑に習得していくために必要な基礎となる能力。知識、感覚・知覚、運動、社会性、心理的課題の5つがある。

◆点字ブロック（Q56参照）
　正式名称を「視覚障害者誘導用ブロック」という。視覚障害者を安全に誘導するために、足裏の触感覚で認識できるよう突起を表面につけ、地面や床面に敷設されたブロックのこと。

◆指導内容表
　一般的な歩行指導の指導内容を記載した表。例えば、「指導段階」「指導目標」「指導場所」「指導上の留意点」「担当・保護者との連携の留意点」等の項目を設定し、各項目の詳細を記入して作成する。

| 要点 | 適切な目標設定、指導内容表の作成・活用、指導と評価・改善の一体化を踏まえつつ、関係者間の連携にも留意することが大切です。 |

◆診断的評価

これから指導する学習課題に対して、子供がどの程度の力をもち、どのような困難を抱えているのかを教師が把握するためになされる評価。

◆形成的評価

指導の途中における評価で、学習目標がどの程度達成され、どの部分が習得されていないか、指導の手立てが有効であるかを評価する。

◆総括的評価

学習指導の終了後に評価され、学習指導の成果を測定するための評価。

（3）指導と評価・改善の一体化（Plan・Do・Check・Action）

指導と評価・改善を一体化して、歩行指導を進めることが大切です。その指導事例を紹介します。

①実態把握と目標設定【P】

子供の実態を把握し（診断的評価）、長期・短期目標を立て、それに即して年間指導計画、単元計画を作成します。例えば、その中で「信号のある交差点を発見し、歩道の右側を伝い歩きし、右折する」という本時の指導目標を立てます。

②指導の評価と改善【D・C・A】

指導後に「車の発進音や停止音、音響信号に気づいて交差点手前で停止することが難しかった」等と評価（形成的評価）します。指導を振り返り、「交差点5m以上手前で静止し、音だけを聞く場面を設定する」等と改善案を出して、次時の歩行指導に生かします。その際、日時、指導内容、評価・改善案等の指導の記録を残しておくことが大切です。

③長期・短期目標の評価と改善【C・A】

指導を進めていくうえで子供の実態も変化します。定期的に長期・短期目標を評価（総括的評価）し、「信号のある交差点を発見し、横断歩道を渡り、右折する」等、必要に応じて適切な目標に修正し、指導内容を改善することも大切です。

（4）職員間の連携とPDCAサイクル

歩行指導の専門性と客観的な視点を保てるように、PDCAサイクルを通して歩行指導担当者と学級担任、関係職員（他教科や生活指導を担当する職員）で連携することが重要です。特に、小学部段階や重複障害のある子供の個別の指導計画を作成・活用する際に、次の目的で専門性の有する教員と関係職員間で定期的に話し合いをもつことが効果的です。

ア）各教科において歩行に必要な基礎的な資質・能力にかかわる実態を共通理解し、長期目標や短期目標を改善する。【P】

イ）授業を参観し合い、子供の発達段階や生活年齢に応じた指導内容や支援方法を評価し、改善する。【D・CA】

ウ）長期目標や短期目標にかかわる子供の変容を多面的に評価し、成果・課題について共通理解する。【CA・P】

第Ⅱ部　第1章　個別の指導計画の作成・活用等

第3章

歩行の初期段階で大切にしたい指導

Q11　姿勢と歩行との関係は、どのようなものでしょうか。
Q12　歩行に必要な「身体の動き」は、どのようなものでしょうか。
Q13　歩行に必要な「環境の把握」は、どのようなものでしょうか。

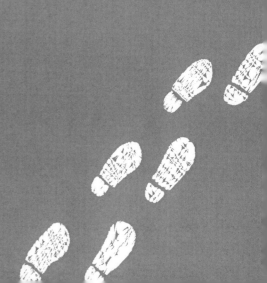

11 姿勢と歩行との関係は、どのようなものでしょうか。

歩行を支える「基礎的能力」は、知識、感覚・知覚、姿勢、運動動作、社会性、心理的課題の5つに分けられます（Q3、Q4参照）。それぞれ実際の歩行に必要な「歩行能力」を高めていくために必要な能力で、視覚障害者のニーズに応じて多様なものとなります。この5つの「基礎的能力」を総合的に身に付けていくことが目標となりますが、その中でも特に運動の中に含まれる姿勢と歩行運動については、幼児期に著しく発達するため、歩行指導の初期段階から取り入れていくことが非常に大切です。

視覚障害のある子供は視覚的な模倣が難しく、自ら外界に働きかけ、状況を把握することが苦手です。そのため、幼児期から、意図的に働きかけを行い、積極的な態度を習得できるように指導する必要があります。

1．姿勢

視覚障害のある子供によく見られるのが、姿勢がよくない、または不自然ということです。行動に伴う恐怖感や危機感から自己防衛として防衛姿勢をとりがちになります。視覚以外の感覚（聴覚・皮膚感覚等）で情報を得るため、自然とそのような姿勢になると考えられます。不自然に頭が下がっていたり、左右に傾いていたり、その他様々な姿勢が見られ、筋緊張を伴う場合もあります。成長するにつれて矯正は難しくなり、歩行運動にも影響を及ぼします。したがって、歩行指導を安全かつ円滑に進めていくためには、まずは正しい姿勢を知り、その姿勢を保持できるようにしていきます。

例えば、壁に頭、両肩、おしり、踵をつけることで正しい姿勢を知ることができます。身体のどの部位をどのようにすることが正しいのかを感覚で知り、体感的に覚えていきます。その際、全身に力が入りがちなので、力を入れるところ、力を抜いてよいところを伝えるとよいでしょう。

◆「歩行能力」とは

「歩行能力」には5つあり、以下のようになります。
①歩行技術の習得とそれを適切に駆使する能力：「歩行技術の習得と駆使」
②ルート作成や行動計画を含めた地図的な操作をする能力：「地図的操作」
③情報の分析・判断により、環境と自己の関係を認知し、自己の位置を定める環境を認知する能力：「環境認知」
④四肢や身体全体の適切な行動と制御する能力：「身体行動の制御」
⑤他者や地図からによって有効な情報を得て、その情報を利用する能力：「情報の利用」

> **要点** 姿勢保持と歩行運動は、密接に関連しています。歩行指導の初期段階で正しい姿勢を保持する力を確実に身に付けられるようにしましょう。

2．歩行運動

　視覚障害のある子供は、運動経験の不足等によりバランスの取れた姿勢で歩行することが容易ではありません。私たちは身体の重心線を意識し、活用することで運動調整を行っています。この重心線の意識がバランス調整能力へと発展していきます。このバランス調整能力の向上は、視覚障害のある子供の歩行運動を促すうえで重要となります。また、この能力は学習することで習得されますので、意図的に学習する機会を設けていくことが望まれます。歩行指導の初期段階でバランス調整能力を向上させることが、安定した歩行運動につながります。

●バランス調整能力を向上させる指導例
　ブランコ、滑り台、トランポリンなどの遊具で遊びながら姿勢の安定を図るようにします。ブランコや滑り台では、姿勢を変えることで速度が変わることを意識できるようにします。トランポリンでは跳躍が安定した後、膝や腰に横から力を加えても姿勢が調整できるようにします。また片足立ちや片足跳びで重心線を意識させることができます。このように体幹を支える筋力を付けていくことが大切です。

　姿勢と歩行運動は、安全かつ円滑な歩行にとって大切である一方、習得し向上させることは容易ではありません。また、年齢があがるにつれて矯正も難しくなります。早期から確実に身に付けていけるように、あらゆる機会に指導していきましょう。
　さらに、姿勢と歩行運動の指導は言語が適切に導入されることも重要です。言語と運動が一致することで効果が上がります。

歩行に必要な「身体の動き」は、どのようなものでしょうか。

視覚障害のある子供は、視覚による身体動作の模倣が難しく、日常生活での歩行経験も少ないことから、歩行に必要な適切な「身体の動き」が身に付きにくい傾向があります。そこで、様々な場面を通じて、歩行に必要な「身体の動き」を意図的に育てる必要があります。ボディイメージや方向の概念を実際の身体の動きに結びつけ、自分の身体をコントロールすることで、自然な姿勢でリズミカルな歩行へつなげていくことができます。

● 基本的な歩行における「身体の動き」と指導例

（1）運動調整能力

① バランス調整能力：運動をコントロールする基本となり、重心線の意識付けを高めることにより培われます。視覚障害のある子供のスムーズな歩行運動にとって、欠かせない力です。

【例】ブランコ、すべり台、幼児用トランポリン、バランスボード、片足立ち、平均台、シーソー、うんてい等

② 方向概念と運動調整能力：自分を中心とした前後、上下、左右の方向概念と結びつけて、身体の運動を調整する力です。

【例】方向を示す指示による上肢の運動、90度や180度の方向転換、指示や音源への数歩程の直進、移動音源への連続的な方向転換―鈴入りボールあそび・鈴持ち鬼ごっこ等

（2）直進歩行における方向と姿勢の保持

① 運動方向の確認：出発点で方向定位をすることでスムーズな移動が可能になります。

【例】壁などを背にして直角の方向に歩く（図1）、敷石・縁石などの段差を足裏で確認して直角の方向に歩く（図2）、壁などで平行な方向を確認する（図3）、建物などの一部を確認して、任意の方向に歩く等

② リズミカルな直進歩行：「まっすぐ」歩くために左右の揺れを調整する力です。

【例】ガイド歩行でのリズムと姿勢づくり、歩く方向が左右にずれた場合に身体の傾きやけり足の強さを調整、音源への直進歩行における左右のずれ補正、ガイドや音源に「まっすぐ」に走るリズムと姿勢づくり、けり足の力の均等化や腕ふりとの協応動作等

◆ ボディイメージと方向概念

視覚障害のある子供は視覚的フィードバックができないので、自分の「身体の各部と動き」や「前後左右の方向概念」が結びついていない場合があり、系統性のある指導が必要です。

◆ 運動調整能力

運動中の姿勢を調整してバランスをとったり、運動を機敏に、巧みに行ったりする能力のことで、スムーズな歩行運動を促すための重要な要素です。

◆ ガイド歩行の意義

ガイド歩行を通して環境把握や経験を拡大することで、ひとり歩きのときに環境認知能力の基礎の育成や、歩行に対する恐怖感や緊張感の緩和となり、楽しみや意欲へとつながります（Q17参照）。

図1　壁などを背にして直角の方向に歩く

| 要点 | その場の状況に応じて適切に身体をコントロールし、リズミカルに歩行できるように、意図的に指導していくことが大切です。 |

図2　敷石・縁石などの段差を足裏で確認して直角の方向に歩く

図3　壁などで平行な方向を確認する

③**ガイドライン**（Q30参照）**を手掛かりとした直進歩行**：壁などをガイドラインとして伝い歩きをするときに、方向と姿勢を維持する力です。

【例】壁と平行に歩く際に、はじめは軽く触れ続け、次の段階はときどき手の甲で触れ、最終的に手を触れずに歩く。また、足触りの違いなどをガイドラインとして直進歩行をする等

(3) 方向の転換

①**ガイドラインを手掛かりとした方向の転換**：歩行停止後、正確に方向転換し、次の歩行に移行することです。

【例】伝い歩きをしながら、廊下の曲がり角や机の角などで直角に曲がり、その後2回以上の連続した方向転換をする。また廊下などで直進後一旦止まり、方向転換し再び直進して出発点に戻る、同様に壁などに触れず正確に右左折やUターンする。その他、鋭角や鈍角で方向転換をする等

②**音源を手掛かりとした方向の転換**

【例】各ポイントに音源を置き、出発点・曲がり角・到着点で右左折する。四角形を右・左回りをする。対角線上をUターンして戻る等

(4) 歩行速度の調整

①**歩行速度の調整**：バランスの取れた姿勢での直進歩行時に方向の保持や転換とともに、様々な状況に応じた歩行速度の調整を行うことです。

【例】指示や音の合図に合わせた敏速なスタート・ストップ・急停止、リズムの変化に合わせて加速・減速等

②**場に応じた歩行速度**：環境状態の変化に伴う速度調整ができることです。

【例】障害物や足触りの境界線、傾斜、段差に近付いた段階で立ち止まって手を出しての確認や傾斜に合わせての減速、および段差発見時の急停止等

③**階段昇降時の速度の調整**

【例】手すりで階段の上下の確認、および1段目の縁で方向の確認をし、リズムよく昇降する。踊り場では様々な構造があることを理解し安全な階段昇降をする等

13 歩行に必要な「環境の把握」は、どのようなものでしょうか。

視覚障害者にとっての歩行は、単なる移動ではなく、保有する視覚や視覚以外の感覚を活用して周囲の環境を把握し、その空間における自分の位置を理解できることが大切です。そのため、視覚障害のある子供への歩行指導に当たっては、初期段階で「環境の把握」に関する指導が必要になってきます。これは、その後の円滑な歩行指導に大きな影響を与えることになります。

視覚の代わりに、聴覚、触覚、嗅覚などを利用して環境の把握をするには時間がかかりますが、これを軽視し、先へ先へと指導を進めてしまうと、中・高校生になったときに、基礎的なことが理解できてないため、後戻りをして指導をすることになります。小学校段階で、触ることが可能なものはよく触わり、触ることができないものは模型などで理解できるようにしておく必要があります。また、積極的に外界に働きかけ、情報を入手することの大切さも歩行指導の中で教えていく必要があります。

1．触覚による環境の認知

視覚障害のある子供が物体を認知するためには、触ることができるものはできるだけ系統的に触る経験を積むことが大切です。身近にあるものを触り、名称やそれぞれの材質による触感を体験させます。大きさや形を知るには、できるだけ両手で触るように指導します。

2．聴覚による環境の認知

音がどこから聞こえてくるのか、また、どのくらいの距離から聞こえてくるのかを判別できるようにします（音源定位）。また、校外で、車やバイク、電車などの乗り物の音、工事、スーパーのレジ音、誘導鈴など様々な音を聞き、それを「何がどのくらいの距離にある」など、言葉と結びつけられるように指導していきます。

3．白杖による環境の認知

同じ物体でも、手や足で触れた感覚と白杖で触れた感覚とは違いがあります。雨天と晴天では白杖を当てたときに発する音も変わります。そこで、いろいろな場面で白杖から発する音の違いを体験することが大切です。また、歩行環境であるアスファルト・

◆環境の把握のために指導すべき物や言葉
①屋内のもの
　机、いす、黒板、ロッカーなどの教室内にある木材、スチール、皮、プラスチックなど様々な材質のもの。手すり、扉、階段、エレベーター、エスカレーター、下駄箱、柱、壁、窓、カーテン等

②屋外のもの（道路に関係する事物とその名称）
・道路：車道、歩道、ドライブウェイ、路地、砂利道、石畳、ガードレール、白線、歩道橋、階段、橋、坂（登り、下り）、踏切、遮断機、溝、芝生、排水溝、マンホール、鉄板、視覚障害者誘導用ブロック等、信号機・電柱、交通標識、ポスト・街路樹、消火栓、駐停車中の車、自転車、公衆電話等
・バス停留所、自動販売機、視覚障害者用音響信号等
・交差点、四つ角、三又路、T字路、Y字路、十字路、縁石、角、横断歩道、歩車分離信号、エスコートゾーン、隅切り等
・駅、ホーム、ベンチ、売店、陸橋、改札口、コンコース、券売機、ロータリー等

> **要点** 聴覚・触覚・嗅覚等を利用して環境を把握します。自ら働きかけ、意識を外に向け、情報を入手する態度の育成が大切です。

タイル・芝生・土など路面の違いを白杖から伝わってくる感覚や音から感じ取れるように指導しましょう。

4．嗅覚、皮膚感覚による環境の認知

校外に出たときに、パン屋、歯科医院、美容院などから発するにおいを体験し、環境の把握に活用するようにします。また、太陽の日差しで大体の方位を推測し、歩行に活用する経験を積み重ねていきます。これらの体験や経験を積み重ねることは大切で、実際にひとり歩きをするようになったときに活用できるようになります。

5．その他、感覚を合わせた環境の認知

校内を歩いているとき、空気の動きや空間の広がりを感じ取れるように、言葉かけをすることも大切な指導です。ホールや体育館などの広い空間や天井の低い小さな部屋などで受ける感覚には違いがあります。適切な言葉かけをすることで、その違いに気づくことができるようにしましょう。

また、自分が動いた感覚から導かれる距離感や身体に応じた長さなども意識できるようにします。筋運動感覚や平衡感覚から得られる情報も、歩行指導には大切です。例えば、道路は水はけがよくなるように、両側が低く、中央部分が高くなっています。自分の身体の右側が低いと道路の右側にいることがわかります。道路を横断しているとき、自分の身体の前側が高いとき、まだ道路の中央を越えていないことがわかります。前側が低くなってくると、横断が終盤に差しかかり、縁石を発見することができます。このように自分の身体の感覚を十分に活用して、環境を把握する経験をたくさん積んでおくようにしましょう。

Column 4

いろんなところで宝探しゲーム

　子供たちが、楽しく学べるように工夫することは大切です。特に、幼稚部や小学部の子供であればなおさらですね。私は、教室内の環把把握の学習を「宝探しゲーム」として、子供たちが楽しく学べるようにしています。

　まずは、教室で自分の席と入口などがわかったら、もっと広く把握できるように、教室内を動いてみます。4つの壁を確認しながら外側をぐるりと歩いた後、逆回りもしてみます。それから、内側にはどこに何が置いてあるか、どこからまっすぐ渡ると何があるのか調べます。その後、場所と場所の関係を「北（入リ口側）の黒板寄りの角の棚の上」「ロッカーの下の段の右から2番目」など、言われたところへ行きます。

　ここでお宝の登場です。目的とする場所には、あらかじめお宝（子どもの好きなおもちゃやカードなど）を置いておき、正しく移動して見つけられたことを確認できるようにします。お宝を発見したとき、子供たちは大喜びです。「先生、もっとやりたい！」など次への意欲もわいてきます。

　子供が複数でしたら、お互いにお宝を隠し、隠し場所を言葉で表現させてからそこに探しに行くようにすることもできますね。位置関係を意識して移動する力や、言葉に置き換える力をつけます。

　同様のことを、より広い教室で行ったり、校舎内のある教室を目的地にしたり、前庭で点字ブロック上を歩いて行ける目的地で行ったりします。どこでも、基準となる場所を決め、そこからどちらの方向になるのか、どのようなものがあるのかなど整理して把握するようにします。

　「宝探しゲーム」では、好きなものを目的に、子どもたちは楽しんで移動しています。

（盲学校教諭）

Column 5

様々な目的地

　歩行指導の授業では、生徒たちと様々な場所に出かけます。その目的地については、毎回、生徒と相談をして設定しています。初めての場所で指導する場合は、安全な歩行ルートの選択、駅ホームでの電車乗降の位置の確認、有効な手掛かりの発見など、何度か下見に出かけます。適切な歩行ルートや電車の乗降位置などが見つからないと、双方の駅を行ったり来たりしながら悩むことがよくあります。同じ駅のホームを何度も歩き回っていることもあり、何だか不審者のように映るかもしれませんね。でも、勘違いしないでもらいたい、生徒が安全でスムーズに歩行することができるためなのです。

　さて、これまでに様々な場所が目的地になっています。年齢や性別などで希望する目的地の傾向は異なりますが、本校の生徒でよく挙がるのは、学校周辺では、コンビニエンスストアや郵便局などです。学校から少し離れた場所では、電車に乗ると近くにある池袋の周辺にある量販店であったり、ＪＲ線などの乗り換えから池袋駅構内になったりします。その他、高田馬場にある日本点字図書館がよく挙がる目的地です。また、全国から多くの生徒が在籍し、寄宿舎で生活しているので帰省指導をよく行います。新幹線を利用する生徒は東京駅、飛行機を利用する生徒は羽田空港の途中駅である浜松町駅が主な指導の場所になっています。

　かなり個人的なニーズが目的地になったことも多々あります。ラーメンの大好きな生徒は、行列必至の某有名ラーメン店。たまにはお寿司が食べたいという寄宿舎の生徒は、高校生という分際から、味はともかく値段の安い回転寿司店。アニメの好きな生徒は、品揃えが豊富なアニメグッズの大型店といった感じです。歩行指導が縁で私自身が初めて行った業種の店などもあって本当に勉強になります。

　場所は異なっても目的地までの指導では、子供たちの歩行へのモチベーションを高め、それぞれの場面や過程において、歩行だけではなく生活に必要な様々な学習をすることができます。大変中身が濃く、総括的な指導としても有用だと思っています。

(筑波大学附属視覚特別支援学校教諭　明比　庄一郎)

第4章

屋内の移動

Q14　教室内の歩行指導について教えてください。
Q15　歩行における「地図の指導」は、どのようにしたらよいでしょうか。
Q16　自分の教室から別の場所への歩行指導について教えてください。

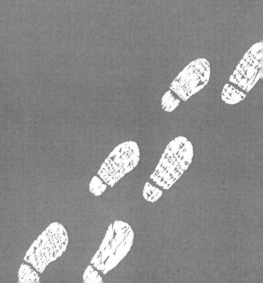

14 教室内の歩行指導について教えてください。

教室は子供の学校生活の基盤です。その教室内に何があるか、どのように移動すればよいか等動線の指導はとても大切です。子供が安心して移動できる工夫や系統的な指導が必要です。また定期的に座席を変えるなどして、いろいろな角度から教室内を移動できる力も付けていきましょう。また、指導を開始する前に、教員がアイマスクをして実際に歩き、子供の目線で感じ取ることが大切です。

教室内の主な歩行指導は、次の通りです。

1．伝い歩きと防御姿勢のとりかた

（1）伝い歩きの基本姿勢

壁や机などに沿って歩行するときに用います（図1）。

・伝いたいものに平行に立つ。
・壁の突起物等への接触によるけがを防ぐために、指先は軽く曲げ前方に出す(図2)。小指側が壁や手すりに接するようにする。
＊歩いているうちに壁から身体が離れてしまわないように言葉かけをします。

（2）防御姿勢のとり方

障害物への接触によるけがを防ぐために用います。

①上部防御（図3）
・肩と肘が同じ高さになるようにする。
・肘を軽く曲げて、掌を前方に向け指先が反対側の肩まで防御できるようにする。

②下部防御（図3）
・身体の正中線で構え、机や障害物を想定して前方に伸ばし、身体から30cmほど前方に出す。

目的地を見つけようとするときなど、両手を前方に突き出して歩行しがちです。防御の姿勢で歩行するよう継続した言葉かけをしましょう。

2．教室内の環境把握

以下の手順に沿って環境の把握を進めます。環境に合わせて防御姿勢を取り入れながら指導してください。

（1）教室のファム

①周囲

◆**ファミリアリゼーション（ファム）**

歩行指導用語の一つにファミリアリゼーション(familiarization、以下「ファム」とする)という言葉があります。ファムは子供が知らない場所・地域・物などを、指導者が触覚や聴覚など様々な手掛かりを使って言語的、行動的に解説し、知らない状態から知っている（把握している）状態にすることをいいます。

図1　基本姿勢

図2　指の出し方

図3　上部防御・下部防御

> **要点** 子供が安心して、自ら動けるように系統的に進めるとともに、教室内の適切な環境を整えることが大切です。教室にどんなものがあるかも指導しましょう。

図4 防御姿勢
（横から見たもの）

◆ファムの種類
①情報の入手方法
・現地ファム：実際の動きのなかで手や足または白杖などで触れながら、情報を得ます。
・口頭ファム：行動する前の情報を指導者から口頭で得ます。
・セルフファム：子供が指導者に質問することで情報を得ます。
※歩行に限らず情報を得る手段として活動全般で用います。

②場所と目的に応じた指導方法
・線状ファム：基点と目的地の往復ができるようにするために、必要最低限の情報のみを伝えます。
・面状ファム：教室や廊下など、向かい合う壁の情を対比できる空間で、物の配置や教室配置などをすべて把握できるようにします。

ア）入口を基点とし、手による伝い歩きで教室を1周する。
・1周目：教室の形状、広さを理解する。
・2周目：設置物（黒板やロッカーなど）を理解する。
・危険箇所では防御姿勢をとりながら伝い歩きをする。
イ）基点に戻り子供が記憶していたものを口述する。
　（口述に誤りがあった場合は、指摘せずに再度周回する）
ウ）上記の手順で教室の反対回りをする。
＊方向を変えると、危険箇所の位置が変わることに留意します。
②中央部
ア）壁と教室中央部にある机などとを往復し距離を把握する。
イ）中央部にある物の位置関係を把握する。
　子供の机などを基点とし、他の机や椅子との位置関係を触って歩き確認する。
ウ）基点から目的地までの歩行方法を口述する。
エ）上記で口述したとおりに歩行する。

（2）ルートを考える際の留意点
・安全性を確保する。
・他の子供との動線の重なりを少なくする。
・生活の流れに沿う。
　環境や個々の能力に合わせて総合的に考えましょう。

（3）歩行能力向上に向けた指導
・壁を伝わずに最短距離で目的地に行く。
・障害物を避けて迂回する。
　ただし、校内のルールやマナーを守って歩行することの意識を確実に付けるようにしましょう。また、反響音や圧迫感の変化を何となく感じられることもありますから、手をたたく、足を踏み鳴らす、声を出すなど、全身の感覚器官を使って空間の広さや形状を感じることができるようにすることも大切です。

（4）環境整備
　教室内の歩行は屋内歩行の基礎となります。知っている場所を積極的に安全に歩行できるよう環境の整備にも配慮しましょう。触ると倒れるような物や衛生上触らせたくない物などは極力置かないようにしましょう。

15 歩行における「地図の指導」は、どのようにしたらよいでしょうか。

1．歩行における地図の学習とは

　視覚障害者の歩行は、アメリカではオリエンテーション・アンド・モビリティー（Orientation and Mobility）と呼ばれており、日本語では「定位と移動」と訳されます（Q51参照）。この定位とは「環境内の自分の位置と目的地の位置を他の重要な事物との関連において認知すること」と言われています。視覚障害のある子供が歩行し目的地に到達するには、身体行動としての移動だけではなく、目的地までの行き方を把握し、その情報に基づいて安全に移動するための定位の力が非常に大切となります。この定位に必要な環境内の構造や定位の結果、得られた歩行に必要な情報をまとめたものを「歩行地図」と言います。初期段階から継続的、段階的に「歩行地図」の学習を積み重ねることは、子供が歩行するのに必要な情報を得て、安全に歩行する一助になります。

2．歩行指導に地図の学習を取り入れる

　「歩行地図」（特にメンタルマップ［心的地図］）を歩行で活用できる力は、少しの練習や指導だけで著しく伸びるものではありません。以下のような指導を初期段階から段階的、継続的に積み重ねていくことが大切です。

（1）日常生活の中で進んで手を使う

　普段からいろいろな素材や形、大きさの物をたくさん触りましょう。手を動かし、いろいろな素材や形の物を触ることによって、方向や位置、距離の感覚の習得を促すことができます（Q13参照）。

（2）進んで身体を動かす

　主体的に動くことによって周囲の環境の理解が深まります。また、歩行地図を描くのに必要なボディイメージ、方向概念の習得を促すことができます（Q12、Q13参照）。

　ガイド歩行で屋外の様々な環境を一緒に歩くこともよいでしょう。「いつも決められた場所に物を置く」、「なるべく障害物を少なくする」などの配慮をし、子供が積極的、主体的に移動できる環境をつくります。

　子供が「もっと知りたい、歩きたい」という気持ちをもてるよ

◆「歩行地図」の種類

　歩行地図には、建物や道路、その他構造物などを木や棒磁石、点図、表面作図器や立体コピーなどで表現した「触地図」があります。

　また、構造化された地理的な空間概念を頭の中で描く力、「メンタルマップ（心的地図）」が含まれます。

　実際には、触地図は歩行における補助具的な存在であり、メンタルマップを確立することがより重要です。

◆触地図の種類（例）

　触地図には、そこから得られる情報のタイプと利用方法によっていくつかの種類に分けることができます。平面か立体、また触って理解する目的のものか、自身で描いたり組み立てたりして理解する目的のものかに分類することができます。

＜立体コピーの地図＞

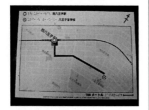

学校から駅までのルートを確認します。

76

> **要点** 歩行地図は様々ですが、目的地までの情報や行き方を歩行地図から得ることが、安全かつ効率的に歩行するうえで大きな助けになります。

＜校舎の立体模型＞
実際に触りながら、校舎の場所や形、位置関係の理解を深めます。また、歩いた軌跡を指先で辿ることによって歩行地図への理解を深めます。

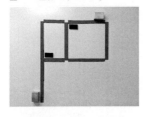

＜棒磁石で作った地図＞
棒磁石を使って自分の歩いた軌跡を自身で組み立て、歩行地図への理解を深めます。

＜立体的な組み立て模型＞
5階建て校舎の模型です。各階の触地図はそれぞれ取り出しが可能です。（屋根付）

うにすることが重要です。

（3）自分の身の回りにある物の位置関係を理解する

教室内の設置物を理解し、自分の机から入口、入口からロッカーへ移動するなど、その位置関係を把握します（Q14参照）。その後、教室模型やブロックを使用して、実際に手を動かしながら自分で教室内にある物の位置関係を組み立てる学習をします。このようにして頭の中にあるイメージを再現する力を培っていきます。

（4）教室を基点にして他の教室の位置関係を把握する

教室内がわかったら、教室を基点としてよく利用する場所（トイレ、玄関、特別教室など）に広げていきます。実際にランドマーク（Q34参照）を確認しながら歩き、「右へ曲がります」など自分の動きを声に出し確認しながら歩きます。その後、自分の歩いた軌跡を、校舎の触地図を手でたどり、手の動きと実際の動きがつながるかを確認します。歩いていたときと同じように声に出しながら手を動かすと、身体の動きと指の動きを結びつけることが容易になります。また、棒磁石などを使用して歩いた軌跡を自分で組み立てることもできます。頭で描いた地図と実際に歩いたときに得られる情報とを繰り返し確認することで、歩行地図を活用する力が付いていきます。

また、校舎全体を触ることで全体像を把握し、全体と部分、部分と部分の関係を相互に関連付けていくことにより、目的地までの行き方を自分で考える力、すなわち定位する力が培われます。

3．一人一人の子供に合わせて

子供の空間への理解や地図を操作・理解する力は個人差があります。安全に歩行するために、触地図を活用できる、またメンタルマップを作れるようになることは大切ですが、それに固執しすぎないようにします。たとえ上手に地図が描けなくても目的地まで歩行できる場合があります。例えば何かを伝っていけば目的地に着くことができるならば、そのルート歩行において、どのように歩けば安全であるのか、また何か環境面で工夫できることはないかといったことを考え、子供一人一人の実態に応じて指導していくことが大切です。

16 自分の教室から別の場所への歩行指導について教えてください。

教室内の移動の学習を進めるとともに、教室から食堂、玄関、トイレなど生活の範囲を広げていきます。なるべく簡単な動線で移動できる場所から練習するとよいでしょう。また、往路と復路では伝う廊下の壁や手すりが違うことを踏まえながら、きめ細かに指導します。

1．環境に応じた歩行方法の習得
（1）廊下の横断
①いったん角に入り込み、曲がらないようにするため両踵か背中を壁に合わせ進行方向を調整し、反対側の壁に向かって進みます。
②まっすぐ横断ができるようになったら、入り込まずにそのままの方向を維持したまま進めるようにしましょう。

◆廊下の横断

（2）階段

階段では、手すりを利用するとともに、段に対して直角に近づくことで、足を踏み外しての転落を防ぐことができます。手すりを伝う手は自分の体よりも前方に出し、手すりからの情報（手すりの角度が変わったなど）を受け取れるようにします。

2．他の教室への移動
●自分の教室を起点に目的地Aへ移動（線上ファムの手順）
（Q14参照）

目的地との往復ができるよう、必要な情報を伝えます。危険箇所は確認しますが、途中にある教室などの情報はここではあまり大切ではありません。経路を設定する際、ランドマーク（Q34参照）の発見が難しいならば、廊下の突き当たりなどわかりやすいところまで進んでから、壁を伝って反対側の側面に移動するなどの工夫をします。また、子供の能力やルートの難易度によっては復路から指導することもあります。

①往路の把握
ア）基点から目的地までの危険個所と目的地の発見方法を、実際に歩行しながら確認する。

階段の昇降

壁の伝い方

◆「つまずき」の考え方

歩行ルートを覚える際、成功体験を繰り返すことで、「つまずき（ミス）」を少なくすることができます。例えば、廊下の横断をする場合に何度も左右にぶれながら歩くと廊下の幅が把握しにくくなります。反対に、毎回きちんと横断できていれば自然に距離感がわかり、思わぬ方向のずれに気づくこともできるようになります。

子供の歩行能力が向上し、「つまずき」の指導を取り入れたい場合には、完全に迷う前に声をかけることが大切です。

| 要点 | トイレや食堂など、よく使用する場所との往復から始め、距離が短くても確実に安全に歩けるようにしていきましょう。 |

◆歩行能力の向上を目的とした校内の歩行指導例

①自分の教室から目的の場所を決め、移動しながらルートを覚える。

②他の場所から、自分の教室まで移動しながらルートを覚える。

③いろいろな場所から目的地まで一人で移動できるかチェックする。

④歩いたコースを思い浮かべながら、ルートを口述する。

⑤歩いたコースを校内立体模型や校内地図でルートを指でなぞる。

⑥歩いたコースを棒磁石で再生する。

⑦歩いたコースの往復を棒磁石で再生する。

　上記のように、歩行地図で歩行の軌跡を捉えることができると、同じ構造であれば知らない階でも目的地の設定をすることが可能になります。

イ）ガイド歩行で基点に戻り、口述と実際の歩行で記憶の確認をする。

ウ）目的地を通り過ぎたときの戻り方を確認する。

②復路の把握

　往路と同じ手順で復路を記憶する。

③往復する

3．応用

　各教室の位置関係を把握し、指導者が設定した教室間の歩行をします。

（1）目的地Ａまでの様々な教室を知る（面状ファムの手順）

①片方の面を知る

ア）片方の壁側を歩行しながら壁側にある部屋の名称と配列を知る。

イ）ガイド歩行で基点に戻り、口述と実際の歩行で記憶の確認をする（口述に誤りがあった場合は、指摘せずに再度歩行し確認する）。

②反対の面を知る

ア）反対側の壁も①の手順で知る。

③相対関係を知る

ア）伝い歩きで歩行しながら、各教室の向かい側はどの教室なのかという相対関係を知る。

＊教室の入口が正対していない場合は、位置関係を丁寧に伝えましょう。

イ）ガイド歩行で基点に戻り、記憶した教室の相対関係を口述する（片方の壁と、反対側の壁と両側からの確認ができたら、次に進む）。

④任意の教室から他の教室まで移動ができるようにする

（2）歩行能力の向上を目的とした校内歩行

　ある程度、校内の教室配置がわかり、教室間の移動が容易にできるようになれば、歩行能力の向上にもつながる歩行指導（欄外参照）を始めましょう。記憶があいまいなルートがある場合には、記憶の定着が図れるまでは次に進まないようにしましょう。

第Ⅱ部　第4章　屋内の移動

第5章

ガイド歩行

Q17　ガイド歩行の意義や目的について教えてください。
Q18　視覚障害のある子供にとってのガイド歩行の意義を教えてください。
Q19　ガイド歩行の基本的な方法を教えてください。

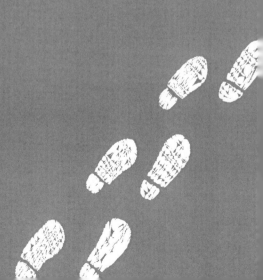

Q17 ガイド歩行の意義や目的について教えてください。

1．視覚障害者にとって

　視覚障害者にとって、誰かのガイドにより歩くことは、一人で歩くより安全・安心で効率よく移動できる手段です。また、単に楽に移動できるということだけでなく、一人では知ることができないような情報も得ることができます。まだ一人では歩くことができない子供はもちろん、自立した歩行ができるようになった人でも、知らないところに行くときや、特別な状況にあるときはガイド歩行の方が安心です。

　例えば、遠くに出かけたとき、慣れない病院へ行ったとき、電車のダイヤが乱れて乗る電車のホームが変わってしまったとき、イベントなどで混雑しているときなどです。また、よく知っている場所でも、ガイド歩行の方が、ストレスがなく効率よく安心して歩けます。同行援護制度の利用もできるようにしておくと便利です（Q55参照）。

　ガイド歩行は、生涯にわたって使用する歩行の技術と言えます。本人自身がスムーズに援助を受けて移動できるようにガイド歩行の技術を身に付けていくことが必要です。

2．ガイドをする者にとって

　視覚障害者と一緒に歩く際、手つなぎでは、大人の場合は不自然ですし、情報が伝わりにくくなります。腕を組む方法では、視覚障害者に情報が伝わらなかったり、体勢が不安定になったりすることがあります。そこで、移動が安全でスムーズに行える、ガイド歩行の基本姿勢が重要になってきます。教員にとっては、安全に効率的に移動する方法であるだけでなく、情報提供の機会、つまり子供の学習を深める技術でもあります。

3．盲学校の教員が行うガイド歩行について

　盲学校の教員が行うガイド歩行は、次の①～④のような内容が考えられます。

①視覚障害のある子供や職員、その他視覚障害のある方と安全に効率よく移動する。

②子供にガイドを受けるときの方法（情報の取り方と体の動き）やマナーを教える。

③子供を支援する家族や周囲の人にガイドの方法を教える。

◆ガイド歩行の様々な意義

　ガイド歩行には、人と一緒に歩く安心感とともに、次のような意義も考えられます。歩くことによる運動量の確保（運動不足の解消）、人と一緒にいることによるコミュニケーションの機会、そして、これらのことにより、心身の健康や行動範囲の広がりに伴う生活の質の向上にもつながります。また、道中にあるものを知ることで、歩行に必要な基礎的な知識の学習を行うことができます。

> **要点** ガイド歩行は、安全な移動方法であるだけでなく、ガイド者から情報を得ることもできます。視覚障害者が外へ出ていく出発点であり、生涯使う技術です。

◆盲学校で行われるガイド歩行の研修例

・職員対象の研修（新転任者研修会、スキルアップ研修会）
・保護者対象の研修会
・親子研修会
・大学生の介護等体験
・一般の方への講習会
・学習指導としての実施（自立活動等）
・弱視生徒の全盲理解と支援
・一般の小中学生の障害体験・福祉体験

④広く一般の人に視覚障害者への支援方法を教える。

　盲学校の教員は、自分自身が安全・安心なガイドができるようにスキルアップしていくとともに、子供がガイド歩行の方法を身に付けられるよう指導しなければなりません。両者がガイド歩行の技術を習得して円滑に移動できるようになれば、会話を楽しみながら移動することが可能です。

　また、他の人にガイド歩行の方法を伝えるときは、その対象者に合わせた内容で行います。視覚障害者の関係者やガイドヘルパーを目指すような人なら、様々な場面を想定して基本技術や応用技術を教えますが、小中学生や広く一般の人には、「視覚障害者のガイドは難しくない」「街で会ったら声をかけてみよう」と思ってもらえるような内容にします。

●ガイド歩行の研修内容の例（初めての介護等体験の学生に１時間で行うとき）

（１）基本姿勢
　①未学習の人2人にガイド役と視覚障害者役になってもらい、座っていた席から別の席に案内してもらう。見ている人にもどうしたらよいか考えてもらう。
　②よかったところを紹介し、正しい基本の姿勢、障害物に手を導く（椅子に座るために背もたれや座面に手を導く）方法等を説明する。
（２）単独での歩行（手による伝い歩きと防御、横断の方法）、ガイド歩行の基本姿勢、曲がり方を説明
（３）アイマスクでの実技（２人ペアの片方の人がアイマスク）
　①１人での手による伝い歩きと横断をしてもらう
　②ガイド歩行の基本姿勢をとり平地を移動
　③縦一列になる狭所の通過方法
　④ドアの通過の時に、ドアに触れた方がわかることなど
　⑤最後は席まで案内
　①〜⑤は交替せずに連続で行い、その後交替して同様のことを行う。
（４）１段だけの段差昇降（段差のあるところで）
　見えている状態で、直角に近づく、手前で止まる、上ったら（下りたら）止まること等を説明する。
　片方の人がアイマスクで上り下りを含めて２回ずつくらい行う。交替して同じことを行う。
（５）補足説明
　会ったときには名前を呼び名乗ること、離れるときも声をかけること、言葉による具体的な説明をすること、ガイド歩行中の事前の説明は早すぎるとわかりにくいこと等を説明する。

第Ⅱ部　第5章　ガイド歩行

Q18 視覚障害のある子供にとってのガイド歩行の意義を教えてください。

◆ガイド技術の基礎・基本
○基本姿勢
○基本技術の7つの型
①止まる
②足元を見る
③手を導く
④声かけ
⑤対象物を支える（閉まりかけたドアやエレベーターの安全弁など）
⑥水平移動（前進、後退、右左折など平地での移動）
⑦上下移動（段差などでの上昇、下降）
（村上・関田，2009参照）

◆いろいろな場面でのガイド歩行
・いすへの着席
・ドアの通過
・1段の段差
・坂道（スロープ）
・トイレの利用
・エレベーターの利用
・エスカレーターの利用
・タクシーの利用
・バスの利用
・電車の利用
・雨の日の歩行

Q17のとおり、ガイド歩行は視覚障害者にとって大変意義があります。子供の場合は、発達の途中であることから、さらに深い意義があります。あるケースを通して意義や留意点について考えてみましょう。

●ケース1
　小学部低学年で全盲のAさんは、とても怖がりで、誘導しても乗り物に乗る際は立ち止まってしまうことが多くありました。保護者の話では、交通機関を利用することはまれで、外出するととても怖がり、どうしたらよいかわからないとのことでした。外出する前に、利用する交通機関の乗り方の説明（例えば、「段差の高さが高いから、足を大きく出して」）をしたり、「怖くないから大丈夫だよ。」と言葉かけをしたりして、実際に手足の動かし方を練習したそうです。しかし、乗り物に対する不安は続いていました。そこで、教員がガイド歩行技術の基礎・基本を用いて誘導したところ、Aさんは乗り物に乗る際、怖がることなく乗車することができました。保護者にもこの方法を伝えて誘導してもらったところ、不安がらずに乗車できるようになったそうです。

【解説】
　普段利用しない乗り物に乗るということは、Aさんにとってはとても不安で怖いことです。ですから、「怖くないよ。大丈夫だよ。」という言葉だけでは不安は解消されず、立ち止まってしまっていました。しかし、教員や保護者が、ガイド歩行技術の基礎・基本を用いたことで、Aさんは安心感を得られ、安全に乗車できるようになったのです。
　視覚障害者の誘導では、**『言葉』による情報提供と『動作』による情報提供**があります。留意すべきことは、「上り階段の高さが高いから大きく足を出してね。」という言葉による情報提供では、どれくらい足を出せばいいのかわからず不安をあおることになります。具体的に説明するとともに、ガイド者の動きを感じたり、対象物に手を触れたりすることにより、環境認知や状況判断が容易になります。それはガイド歩行技術によるものと言えるでしょう。

要点

> 好奇心を芽生えさせ「主体性」を育むことができます。
> 「言葉」と「動作」による情報提供によって子供が安心感を持てるようにしましょう。

◆ガイド歩行を通して周囲のものに関心をもたせ、環境を把握していく力をつける視点が大切です（Q3、Q4、Q13参照）。

●ケース2

小学部低学年で全盲のBさんは、歩行の時間を毎時間楽しみにしています。ある日、先生とガイド歩行で道路端の砂利を踏みながら歩いて行くと、Bさんの目の前に電柱が出てきました。そのことを伝えると、白杖でトントンとたたいて確認しました。白杖を持つ手に教員が手を添えて、白杖まっすぐ上に滑らせそのまま滑り下ろしました。さらに数歩進み、支線（電柱を支えるワイヤー）があることを伝えると、「支線って何？」と言うので、白杖を持つ手を支線の下の部分に導き、白杖でたたいたところ、「電柱よりも柔らかいね。」とBさん。さらに「カバーがかかっているんだね。どこまで続いているのかな？」と興味が広がりました。そこで、先生は「さっき電柱を触ったように白杖で滑らせてみたら？」と提案しました。すると、触りながら「あっ、斜めになっている。ずっと上の方まで続いている。」と新たな発見がありました。

【解説】

Bさんは、日頃、外を歩く機会が少なく、週1回の歩行の時間を楽しみにしています。教員がガイド歩行で外を歩きながら周囲の様子を伝えると、白杖や手足で確認することに忙しく、あっという間に歩行の時間が終わってしまいます。そんなBさんも、入学当初から好奇心旺盛だったわけではありません。最初は「電柱があるよ。」とか、「道路に水たまりができているよ。」と伝えても、手や足で確認することはありませんでした。おそらく『怖いもの、得体の知れないものに手や足を出したくない。安心できる環境にいないと何かに挑戦しようとは思わない』からでしょう。しかし、Bさんは、先生とのガイド歩行で「何だろう」、「どんな形をしているのだろう」と思えるようになってきたのです。

安心感が得られるガイド歩行の技術が、活動の幅を広げ、いろいろな事物に対する好奇心が育むことにつながります。指導者は、子供が安心して歩けるようにするとともに周囲の環境の状態を適切に伝え、時には立ち止まって観察するように促し、言葉での説明も加えていきます。そのような活動が、後のひとり歩きにつながっていくのです。

第Ⅱ部　第5章　ガイド歩行

Q19 ガイド歩行の基本的な方法を教えてください。

図1　基本姿勢（横）

図2　基本姿勢（正面）

◆ガイド歩行の開始の合図

　子供に声をかけ、子供の手を指導者の腕に導く方法を取りますが、子供の手の甲を軽くトントンとたたくことをガイド歩行の開始の合図にしておくと、子供が自ら指導者の腕をつかむことができます。

1．ガイド歩行の基本

　安全に安心して歩ける方法であることが基本ですが、指導者と子供との身長差や子供の手の大きさによって、ガイド歩行の方法は変わってきます。

　小学部に入学したての頃は、子供と手をつなぎ、子供のペースに合わせて歩きます。手をつなぐことで安全が確保され、安心感が得られます。手つなぎでの歩行に慣れたら、手首を握らせて歩きます。子供にとって、手首が太くて持ちにくければ、指を握らせるようにします。大切なことは、子供自身が主体的に歩く態度を育てるようにすることです。

　高学年になると、指導者と子供との身長差が小さくなり、手も大きくなるので腕をつかむようにします。指導者の肘のすぐ上の部分を親指と他の4本で軽くはさむようにして、つかむことを基本とします。

2．ガイド歩行の方法

(1) 基本姿勢と基本の動き

　指導者の動きが子供に確実に伝わるよう、言葉かけとともに動きによる情報提供（例えば「小さな段を上る」という言葉だけで伝えず、指導者が一段上ることにより、腕の動きでどのくらいの段か伝わる）が必要になります。基本の姿勢と動きは次のようになります。

①指導者は子供の横で半歩前に位置し（図1、図2参照）、子供は後ろから指導者の腕（指、手首、肘の上等）をつかみます。

＊指導者は、床面に対してまっすぐに立ち、上半身をひねらないようにします。

＊誘導する腕（子供につかまってもらう腕）はまっすぐ体側にそって伸ばし、脇は開けないようにします。

②指導者は、常に2人分の幅を意識して移動します。

＊速さは、子供のペースに合わせます。何かあるときは速度を落としたり、停止したりし、事前に情報を伝えます。

＊曲がるときは、わかりやすいよう直角に曲がります。慣れてきたら自然に曲がるようにします。

＊初期では言葉かけを多くしますが徐々に減らします。

要点 指導者は、安全の確保と情報提供を言葉と身体の動きで行い、子供が主体的に、その情報を得られるようにすることが大切です。

図3　狭所の通過〈方法1〉
　　　縦一列になる方法

図4　狭所の通過〈方法1〉
　　　上から見たところ

図5　狭所の通過〈方法2〉
　　　物に触れさせる

（2）狭所の通過

＜方法1＞

①指導者は、通過する場所の中央（狭所入口の中央）を歩くようにし、狭いところであることを子供に伝えます。

②指導者は、誘導している腕（子供がつかんでいる腕）を体の後ろへ回します。子供は、指導者の真後ろに入り、曲げていた腕を伸ばして縦に一列になるようにします（図3、図4）。

③つまずかないように、ゆっくりと進みます。

④狭いところを通過したら腕を元の位置に戻し、そのことを伝えます。子供はもとの基本姿勢に戻ります。

＊学習段階では縦一列になれたかどうか第三者に確認してもらうとよいでしょう。

＜方法2＞

①指導者は、通過する場所の中央（狭所入口の中央）の子供の手が障害物に届く位置で立ち止まり、狭いところであることを伝えます。

②誘導している手で子供の外側（腕をつかんでいない方）の手を障害物に導きます（図5）。

③子供の足元を確認しながらゆっくりと通過し、通過したことを伝えます。

〈方法1〉は、視覚障害者自身が学習していないと用いることができない方法です。指導者は、どちらの方法も知っておき、状況や対象者に合わせて用いるようにします。

この他に、劇場やホールで座席の間を歩くときなど、横並びになって歩く方法もあります。

（3）座席等への案内

椅子には様々な形のものがありますので、よく触れ観察するように促します。子供は自分で操作し座る経験を重ねていくと、様々なタイプの椅子をイメージできるようになります。触れてわかれば自分で椅子を引いて座ることができるので、指導者は、椅子の背もたれや座面に子供の手を導きます。机があれば机にも子供の手を導き、自分で椅子を引いて座るように促します。

Q19 ガイド歩行の基本的な方法を教えてください。

図6　階段上りの始め

図7　階段下りの途中

図8　階段下りの終わり

（4）階段の昇降

①指導者は、階段に直角に近づき、自分の足先が階段の段鼻（へり）に来たところで止まります。上りの階段（下りの階段）であることを伝えます。

＊初期の段階では手すりを利用するなどして、安心感を得られるようにします。

②指導者は、子供の足元を見ながら1段目に片足をかけて重心を上方に移動させます。後ろ足はつま先立ちの形になります（図6）（下りの場合、片足をゆっくり下方に下ろし、またいだ状態で子供の片足が下の段に着くのを見守ります）。

＊下り階段の始めで足を踏み外さないよう、子供が1段目をしっかり確認するのを見守ります。

③指導者は、子供が足で最初の段を確かめ片足が次の段に着地したことを確認したら、階段を上り（下り）始め、子供に合わせて上り（下り）ます（図7）。

④踊り場または最上段（下り階段終わり）では、1段先を歩いている指導者は、子供の立てるスペースを考慮して段の終わりで止まって待ちます。階段の終わりではぴたりと止まり終わりを知らせるようにします（図8）。

＊子供自身が肘の動きからどのくらいの高さの段を上るのか、下るのか、終わったのかなどがわかるように経験を積み重ねていきます。

＊すぐに習得できるものではないので、繰り返し経験をすることで体得していくことが大切です。特に階段の終わりでは、終わったことがわからず、空足を踏んでバランスを崩すことがあるので、指導者は、子供の足元から目線をそらさないようにします。

＊長い階段で練習をする前に、1段だけの段差で、事前に止まり段差を見つけることや、肘の動きから上下の動きや段の大きさがわかるような経験をしておきます。

> **要点** 指導者は、安全の確保と情報提供を言葉と身体の動きで行い、子供が主体的に、その情報を得られるようにすることが大切です。

◆**視覚障害者自身の学習内容**

　視覚障害者自身に学習してほしい基礎的な技術には次のようなことがあります。

・基本の姿勢
・左右への方向転換
・狭所の通過
・１段の段差の上り下り
・階段の昇降
・溝などをまたぐこと
・ガイド歩行時の白杖の扱い

〈さらに知っていると便利な方法〉

・左右の入れ替わり
・Uターン

◆**やってはいけないガイド！**

・子供の腕をつかんで引っ張る。
・子供の後ろから肩や背中を押す。
・子供の両手を持ってガイドする。
・白杖を持って引っ張る。

（5）溝などをまたぐとき

①指導者は、溝に対して直角に近づき溝の手前で止まります。

②溝であることを伝えて縁に近づくよう促し、場合によっては子供に溝の縁を足で確認するように伝えます。

③指導者は、片足を溝の向こう側に出してまたいだ状態で待ちます。この時、重心は前に移さないようにします。

④子供の片足が溝をまたぎ向こう側に着地したことを確認したら、指導者は残った片足を溝の向こう側へ出し渡ります。その後、子供の残っている足が向こう側に着いて渡り終えたことを確認します。

＊子供が恐怖感をもたないように、はじめは落ちる心配のない敷居などの少しの段差や点字ブロックなどをまたぐようにし、方法を理解できたら実際に溝を渡るようにします。この方法は電車乗降の際に役立ちます。

3．ガイド歩行の留意点

（1）体験的な学習と意図的な学習

　前述しましたが、ガイドをする者もガイドを受けて歩く子供も、適切な方法がすぐに身に付くわけではありません。繰り返し行うことで、運動感覚としてわかるようになり、より安心して円滑に歩けるようになります。小さなうちは、日々の生活の中で自然に行うことを中心として、小学校高学年や中学生くらいで歩行指導の内容の一つとして取り上げるとよいでしょう。

　指導者は、子供のガイドをする前に、アイマスクでのガイド歩行の体験とガイド歩行技術の研修をしておく必要があります。どのような方法が安心かを自ら理解し、指導の場面で生かせるようにしましょう。

（2）言葉かけについて

　ガイド歩行の場面に限らず、次のようなことに留意します。

・会ったときや、その場を離れるときには声をかけます。

・自分の名を名乗り、相手の名前を呼んで話し始めるようにします。

・指示語やあいまいな言葉は避け、できるだけ具体的な言葉で説明するようにします。

第Ⅱ部　第5章　ガイド歩行

第6章

白杖の基本的操作

Q20　白杖の意義、構造、種類について教えてください。
Q21　白杖の入手方法や選び方について教えてください。
Q22　白杖導入前に使う移動補助具（プリケーン）について教えてください。
Q23　白杖の持ち方や握り方、白杖による防御の方法について教えてください。
Q24　白杖の基本的な操作技術について教えてください。
Q25　階段や溝などでは、どのように白杖を使えばよいでしょうか。

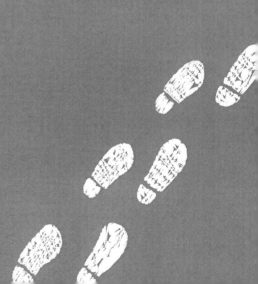

Q20 白杖の意義、構造、種類について教えてください。

1．白杖の意義
白杖の意義は、次の3点に整理することができます。
（1）安全性の確保
白杖で1〜2歩先を確認することで、物体の存在や段差の落ち込みなどを知り、安全を確保することができます。
（2）情報の入手
路面の変化やランドマーク（Q34参照）などの情報を得ることができます。
（3）視覚障害者としてのシンボル
自動車の運転手、歩行者など、周囲の人たちへの注意喚起ができます。

2．白杖の構造
白杖は3つのパーツからできています。

グリップ　　　　　　シャフト　　　　　　チップ（石突き）
↓　　　　　　　　↓　　　　　　　　↓

（1）グリップ
手で握る部分のことで、握りやすく、しっかりと握れるものがよいです。
（2）シャフト
白杖の本体のことで、グラスファイバーやアルミニウム、カーボンなど材質は様々です。材質によって、耐久性や重量、価格に違いがあります。
（3）チップ（石突き）
路面に直接接する部分のことで、丈夫で滑りやすいことが重要です。摩耗するため必要に応じて新しいものと交換しなければなりません。通常、材質はナイロンやプラスチックで、形状は用途に応じて様々なタイプのものがあります。
（4）その他
夜間の歩行時、ドライバー等から見えるよう、白杖には反射テープを巻くようにします。シャフト全面が反射するタイプのものもあります。

◆チップ（石突き）の種類

スタンダード
（ペンシルチップ）

円筒形でタッチテクニックに有効。粗い路面では、ひっかかりやすい。

ティアドロップ
（マシュマロチップ）

スライドテクニックに有効。粗い路面でもひっかかりにくい。

ローラーチップ

地面にすりつけ、横にローラーを回転させて使用。スライドテクニックに有効。

パームチップ

円盤形でチップとシャフトの間にクッションがあり、向きが少し変わる。溝にひっかかりにくく、タッチテクニックでもスライドテクニックでも有効。

他にも異なるタイプの物があります。

> **要点** 白杖は命を守る大切な道具です。その意義を十分に理解し、白杖を使用もしくは携行することが大切です。

◆白杖の種類

直杖

折りたたみ杖

◆白杖の選定

歩行に適した白杖の条件はあくまでも一般的なものです。白杖を選定する際は、本人のニーズや歩行の状況などを考慮してください。専門的な知識を有する人に相談するとよいでしょう。

◆シンボルケーン

操作しながら歩行するのには適さず、視覚障害者であることを知らせるためのシンボルとして持ち歩く白杖。操作に適した白杖よりも短いものを選びます。

3．白杖の種類

その形状で大きく2つの種類があります。それぞれ特長があります。

（1）直杖

継ぎ目のない1本杖で、耐久性、情報の伝達性に非常に優れています。歩行の学習において、路面の変化、接触した障害物の材質など、白杖から得られる情報を学ぶうえで適しています。しかし、電車やバスに乗ったとき、あるいはレストラン等に入ったときなどに、置き場所に困る場合があります。

（2）折りたたみ杖

使わないときは小さく折りたたんでバックの中に入れておけるため、持ち運びにはとても便利です。しかし、強い力が加わると、つなぎ目の部分が折れる場合があります。

●歩行に適した白杖の条件

（1）耐久性

歩行では、白杖を酷使するため、丈夫で長時間の使用に耐えられるものでなければいけません。

（2）情報の伝達性

伝達性に優れたものがよいです。一般的に折りたたみ杖より直杖の方がよいと言われています。

（3）重量

白杖は重すぎると振りにくく、逆に軽すぎても使いにくいので、全体のバランスとも関係してきます。

（4）バランス

長時間振ってもあまり疲労せず、振りやすい白杖としては、白杖の重心がグリップから1/3くらいのところにあるものが適しています。重量が重くなればなるほど、重心がグリップに近い方にあるものが適しています。

Q21 白杖の入手方法や選び方について教えてください。

視覚障害者が歩行のために使用する「白杖（盲人安全つえ）」は、厚生労働省が定める補装具の一つであり、補装具費支給制度の対象になっています。なお、補装具とは、「障害者等の身体機能を補完し、又は代替し、かつ、長期間にわたり継続して使用されるものその他の厚生労働省令で定める基準に該当するものとして、義肢、装具、車いすその他の厚生労働大臣が定めるもの」と障害者総合支援法第5条第23項に示されています。

補装具費支給制度を利用して、白杖を入手するための申請の手続きには、身体障害者手帳が必要です。詳細は市区町村に問い合わせください。

1．補装具費の申請の流れ

①市区町村（福祉課等）に見積書とともに申請書を提出
　↓
②補装具費支給決定
＊原則として利用者1割負担（所得区分に応じ上限額設定があります）
　↓
③白杖取扱い業者と契約し、購入
　↓
④利用者：負担額の支払い
　市町村：業者に補装具費支給

2．白杖の耐用年数

白杖は材質や使い方によって、耐用年数が異なります。成長が著しい年齢では、短い期間に買い替えなくてはいけないこともあります。参考として、直杖と折りたたみ杖の一般的に考えられている耐用年数は表のとおりです。

材質	直杖	折りたたみ杖
グラスファイバー	2年	2年
木　材	2年	2年
軽金属	5年	4年

◆白杖の購入場所

白杖は、視覚障害者の用具を専門に取り扱う販売店で購入することができます。主な購入場所を紹介します。

○社会福祉法人日本盲人会連合　用具購買所
〒169-8664
東京都新宿区西早稲田 2-18-2
TEL　03-3200-6422
FAX　03-3200-6428
http://www.normanet.ne.jp/˜nichimo/yougu/

○社会福祉法人日本点字図書館
〒169-8586
東京都新宿区高田馬場 1-23-4
TEL　03-3209-0751
FAX　03-3200-4133
http://www.nittento.or.jp/index.htm

○社会福祉法人日本ライトハウス　情報文化センター
〒550-0002
大阪市西区江戸堀 1-13-2
TEL　06-6225-0035
FAX　06-6225-0015
http://www.iccb.jp/salon

その他にも各地域の視覚障害関連施設で取り扱っています。

白杖を販売している民間企業も多くあります。

◆白杖購入の際の留意事項

> **要点** 白杖は様々な種類があるので、購入する際は、専門的な知識がある人に相談するなどして、子供に合ったものを選択することが大切です。

販売店ごとに取り扱っている白杖の種類が異なる場合があります。現在使用している白杖がどこで購入できるものか、確認することが必要です。販売店によっては、白杖の種類、長さがわかっていれば、電話やインターネットでも注文することが可能です。

役所の福祉課で相談すると、担当者がシンボルケーン（Q20参照）を交付することがあります。白杖の意義のうち、『(3) 視覚障害者としてのシンボル』としてしか使用しない方にとっては、問題ないかもしれませんが、そうでない方には、歩行に使えないケースがほとんどです。

白杖は、用途や自身の生活スタイル、希望等、様々な条件をもとに選定する必要があります。白杖を購入する際は、販売店や歩行訓練士等専門的な知識がある方に必ず相談しましょう。

3．白杖の選び方
（1）長さ
みぞおちのすぐ上の骨（剣状突起）より少し上、または、わきの下より少し短めといわれています。これは目安であり、あくまでも基準です。歩く速さや歩幅、腕の長さ等によって適切な長さは違ってきます。

白杖の長さの目安

（2）材質
材質によって、重量や耐久性が変わります。一概にどの材質がよいとは言えません。

（3）チップ（Q20参照）
チップにも様々な種類があります。それぞれの特長をよく理解し、体力や用途等に応じて、選択しましょう。チップは、消耗品なので予備を購入しておくことをすすめます。

4．白杖のメンテナンス
白杖は、丈夫に作られているとはいえ、人と接触したり、自転車の車輪に巻き込まれる等して破損したり、曲がってしまったりすることがあります。そのような事態に備え、予備を携帯していることが理想です。

また、折りたたみ杖用の「緊急用補修キット」が販売されています。損傷した場合、修復可能なことも多いので、白杖を購入した施設・販売店に修復可能かどうか確認してください。

日頃から、白杖のチップがすり減っていないか、シャフトが曲がっていないか、つなぎ目の部分が破損していないかなどに気をつけておくことが大切です。

Q22 白杖導入前に使う移動補助具（プリケーン）について教えてください。

　視覚障害のある子供の白杖導入前に使われる移動補助具は、プリケーンと呼ばれています（Adaptive Mobility Devices を略して AMDs と呼ばれることもあります）。プリケーンは、一般的に市販されている歩行器やおもちゃのカタカタやフラフープなどを子供に合わせて改良したものです。

　視覚障害のある子供が白杖を使い、目的を持ってその場所まで移動できるようになるためには、歩行を支える「基礎的能力」（Q3、Q4、Q11 参照）が必要です。歩行指導では子どもの発達段階等を考慮しながら白杖を導入していきますが、一般的には小学校低学年から導入することが多いようです。

　プリケーンは、白杖の導入前の子供の空間認知能力や移動能力を高めていくのに有効とされています。発達段階を考慮しながらプリケーンを有効に用いることで、白杖を用いた指導にスムーズにつながっていくと考えられます。

1．プリケーンのメリット

①車のバンパーのような役割をすることから、障害物に身体が直接ぶつかることが少なくなり、安心して安全に歩くことができる。
②移動範囲が拡大する。
③運動能力が向上する。
④外界への興味が高まる。

などがあげられます。

2．プリケーンのタイプ

　プリケーンには次のようなタイプがあります。

（1）内型の自立型移動補助具（図1）

　子どもが移動補助具の中に入って歩行し、コントロールは主として指導者が行います。

（2）外型の自立型移動補助具（図2）

　カタカタやカートを使ったもので、子どもが移動補助具の外側に身体を置いて歩行し、コントロールは主として子供が行います。また、指導者がコントロールできるように工夫することもできます。

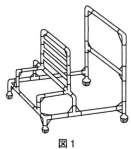

図1
内型の自立型移動補助具

図2
外型の自立型移動補助具

> **要点** プリケーンは、子供の発達段階や体格等によって使い分け、子供の状況を確認しながら、無理なく指導を進めていくことが大切です。

図3
非自立型移動補助具①

図4
非自立型移動補助具①

＊Q52にプリケーンを使用している子どもの写真があります。

(3) 非自立型移動補助具（図3、図4）

このタイプのプリケーンは自立できないので、使用する子供がプリケーンを握り続ける必要があります。移動方向や速度などのコントロールは子供が行います。

どのタイプを使用するのかは、子供の発達段階や体格、そして歩行環境を考慮し、指導者が適切に判断します。

3．プリケーンを使った指導内容

(1) プリケーンに慣れる

子供によっては、プリケーンの使用をいやがったり、すぐに飽きてしまったりすることがあるので、プリケーンの導入に当たっては子供の気分や雰囲気を読み取ることが必要です。

(2) プリケーンを握る

子供がプリケーンを握りたがらない場合は、無理に使用させようとせずに、気長に取り組むことが大切です。

(3) プリケーンを前に出して歩く

プリケーンを使うことによって、安全な移動が可能になります。しかし、子供には安全性が理解できない場合が多いので、プリケーンを適切に使うことができたとき（前に出して歩けたとき）には、具体的に褒めることが意欲を高めることになります。

(4) 障害物の発見と停止

障害物や段差を見つけたら止まれるようにします。また、その障害物が何であるか手で触って確かめることもよいでしょう。

プリケーンが使用しにくい場所での持ち運び方、置き方などの練習をしておくことも必要です。プリケーンを使用するときには、子供の発達段階や体格等に合わせながら、プリケーンのタイプや指導内容を考えて指導していくことが大切です。

Q23 白杖の持ち方や握り方、白杖による防御の方法について教えてください。

　白杖指導の初期段階で、持ち方や握り方の指導を行います。白杖を一生涯使っていくことを想定して、基本をしっかり教えることが大切です。

1．白杖の持ち方

（1）基本的な握り方

　手のひらの中心にグリップをおき、人差し指を伸ばしてシャフトに添わせます。親指の爪の部分が上に向くようにグリップの上に置き、親指と残りの3指でグリップを握りこみます。一般的にはグリップの平らな面に人差し指を添わせる場合が多いようです。グリップについているゴムひもには、手を通さないようにします（図1）。

図1　基本的な握り方

（2）基本的な構え方

　白杖を持って身体の正中線（おへその前）で自分の左右の手で握手するようにしてから、片手を離し、白杖をまっすぐ前に伸ばして地面につけます。これで「2歩前の安全性や情報」を確保する構え方となります（図2、図3）。

図2　基本的な構え方（横）

2．ガイド歩行時の白杖の持ち方

　白杖をグリップの下で持ち、地面と垂直に保持するか、白杖による防御の形（次頁、図6、図7）で持つことが多いのですが、ガイド者と相談のうえ、安全で自然な方法を取りましょう（図4）。

　年少者の場合、混雑する場所や階段などで、白杖を落とす危険もあることを踏まえて、練習するようにしましょう。

図3　基本的な構え方（正面）

3．白杖の置き方や取り扱いの注意

（1）直杖の場合

　状況に応じて机・椅子・床など、安定した場所に平行か直角にねかせて置きます。取りやすいようにグリップは自分の近くに置いておくようにしましょう。電車やバスの車内など、ねかせることが難しい場所では、体側につけて立ててしっかりと持ち、チップが前に出ないようにすることが大切です。

（2）折りたたみ杖の場合

　折りたたみ杖を広げる際、一度にゴムをはずすと一気に広がって周りの人や物に当たるなど危険なこともあるので、片手でシャフトを保持しながら広げるようにしましょう。

図4　ガイド歩行時の白杖の持ち方

要点 白杖の持ち方、握り方は、子供が体得するまで、繰り返し、ていねいに指導することが大切です。

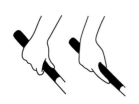
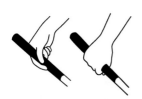

図5　防御時の白杖の握り方

4．白杖による防御
（1）どのような場所や目的で使うのか
　人通りの多い通路やよく知っている屋内で白杖が振れないとき、または、振る必要がない環境でひとり歩きするときやガイド歩行時でも、安全性を考えて必要と思われるときに用いられます。
　白杖は、視覚障害者自身の安心感の確保や、シンボルとしての役割を果たします。
（2）防御時の白杖の持ち方と使用法
　ガイドを受けるのに妨げにならないようにしたり、荷物を持ったりすることも考え、また周囲の状況に対応できるように、いろいろな持ち方を使い分けられるとよいでしょう。防御時の白杖の握り方は図5のような方法があります。
　持ち方は、基本形から手首を少し下に構え、白杖を持ち手と反対側の斜め前（身体の外側に少し出るように）向けて構えます。この場合、白杖を構える位置は身体の正中線でなくてかまいません。チップ（石突き）を前に出し、先を地面につけて滑らせながら歩いたり、3cm程度浮かせながら歩いたり、使用する白杖や環境によって使い分けます（図6、図7）。
（3）留意すること
　白杖による防御は、身体の下部だけしかカバーできないため、上部を防御する必要がある場合もあります。また、片手で壁面や駐車車両などを伝い歩きする場合もあります。そのため、左右どちらの手でもできるよう、練習しておきましょう。
　また、白杖をしっかり持たずにふらふらさせたり、チップを高く上げすぎたりすると、周囲の人や物に当たり、白杖を落とす危険もあるので、気をつけましょう。

図6
防御時の白杖の持ち方（横）

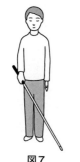

図7
防御時の白杖の持ち方（正面）

Q24 白杖の基本的な操作技術について教えてください。

伝い歩きやガイド歩行を通して、子供は手や足底から情報を得て歩く経験を積み重ねています。白杖を使用して歩くことは、補助具である白杖を通して安全を確認し、情報を入手するということです。そのためには、白杖の操作技術を身に付ける必要があります。

1．白杖の振り方（図1）

(1) タッチテクニック

チップは、左と右の2点のみ地面につくようにし、肩幅よりやや広く、高さ3～4cmの弧を描くように左右均等に振ります。途中の情報を取りこぼしてしまうおそれがあり

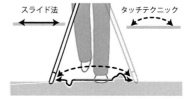

図1　白杖の振り方

ますが、効率的な歩行につながるメリットがあります。

(2) スライド法

チップを地面から離さないで、滑らすようにして左右に振ります。音の変化や路面の情報を連続的に収集できますが、レギュラーチップの場合は、チップが路面に引っかかりやすく、歩行に時間がかかることがあります。しかし、段差や階段の発見、交差点の横断、駅の構内、プラットホーム、踏切などの歩行の際は、しっかりと情報のとれるスライド法を使うようにしましょう。

2．白杖の振り方の練習

次の (1) → (2) → (3) の順に進めるとよいでしょう。タッチテクニックが安定するように練習しますが、ローラーチップ使用者などはスライド法の練習から導入することもあります。

(1) 静止しての振り方

はじめは屋内の壁などの安定した場所を背に立ち、【Q23】で示した基本的な構え方をして、脇をしめ、白杖を持った手首を支点にし、肩幅よりやや広く左右に均等に振ります。リズミカルに、手首を正中線の前に保って動かします（図2）。続けていると前傾姿勢になりやすいので、「顔を上げて1・2、1・2」などと言葉かけをしてもよいでしょう。

◆基本練習の大切さ

おもに手首だけを使って白杖を左右に振る練習は、慣れないうちは難しく、コツをつかみにくいものです。利き手側に大きく振り、反対側は振り幅が狭くなりがちになったり、脇があいたり、必要以上に身体に力が入りすぎたりすることもあります。持続して白杖を振ることが難しい子供には、身体の前方の広い範囲の安全確保のために必要な技術であることを伝え、練習の各段階で修正しながら、時間をかけて身に付けられるようにしましょう。

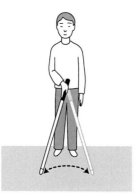

図2　静止しての振り方

> **要点** 将来のひとり歩きの基盤となるよう、白杖の基本的な操作等の練習を十分に積み、子供が体得できるようにすることが大切です。

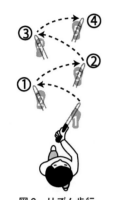

図3　リズム歩行

◆白杖による伝い歩きの方法

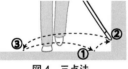

図4　三点法

タッチテクニックを利用し、チップを3点に当てながら伝う方法

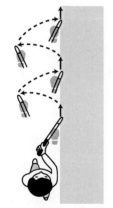

図5　タッチ＆ドラッグ

タッチテクニックで落ち込みの角や段差の下に白杖を当て、少し前方へスライド法で滑らせながら前進する方法

（2）リズム歩行

この練習の目的は、白杖で2歩先の安全を確保して歩くため、①白杖と足を同時に出す、②白杖を出す方向と進む足の方向が左右逆になるようにバランスを保って歩く、ということです（図3）。指導者は、リズムを取ったり、適切な言葉かけをしたりして支援していきます。次第に言葉かけを減らし、白杖歩行者自身の感覚で歩く達成感を体得させましょう。はじめは、他の音の刺激を受けずに集中して取り組める、廊下などの閉鎖空間を利用して行うのがよいでしょう。

（3）直進歩行

屋外の静かな環境で、屋外に慣れ、「まっすぐ歩く」ことを意識して行います。両端が壁や砂利、芝生など明確に変化をとらえられる場所から練習します。ここでの「まっすぐ歩く」ことは、「一直線に歩く」ことではありません。安全な道幅の中でベアリング（Q28参照）を修正しながら歩くことです。そのためには、聴覚の利用（車音、音響信号、自動販売機の音など）、足底で路面の変化をとらえること（誘導ブロックを片足だけで踏んで歩く練習も有効）、太陽の熱で方向を知ることなど、様々な感覚を活用できるようにしましょう。

校外での練習では、方向や距離をまちがえて車道の中央や対角線側まで移動してしまうことがあります。指導者は安全を確保しつつ、方向や距離の思い違いから生じる危険についてもよく理解させることが必要です。

3．白杖による伝い歩き

屋外で、①建物の壁や塀、②誘導ブロック、③路面の材質の変化（砂利とアスファルトの境界線、溝蓋など）、④溝や低い段差、歩道の低い縁石などのガイドラインを白杖で伝うことで、目指す地点への進行方向を正しくとらえることができます。伝っているとき、1度でも白杖が空振りしたら、その場で停止し、足を動かさず、白杖だけを振って、ガイドラインを見つけ、方向を修正します。白杖をガイドライン側に振るときはスライド法で、反対側に振るときはタッチテクニックで、というように、必要に応じて白杖の振り方を使い分けます（図4、図5）。

Q25 階段や溝などでは、どのように白杖を使えばよいでしょうか。

基礎的な白杖操作技術を身に付けた子供は、さらに歩行の範囲を広げるための練習に取り組みます。

階段昇降の練習をどの時点で行うかは、子供の生活環境や活動範囲を考慮しながら決めていきます。階段昇降の練習は、公共施設や電車・バスなど公共交通機関などの利用に応用できる技術ですから、基礎をしっかり身に付けるようにしましょう。

指導場所としては、はじめは歩き慣れた校内などの階段で行い、慣れてきたら外の階段や様々な階段へと移行していきます。子供が不安を感じないよう、安全性を十分考慮して行います。

1．上り階段

①階段の近くまで来たら、スライド法（Q24参照）で階段の縁にできるだけ直角に近付きます。直前に点字ブロックが敷設されている階段であれば、点字ブロックをスライド法によって確認したらそのまま直進し、最下段を発見します。

②両つま先を階段に当て階段に対して直角かどうかを確認します。白杖で階段の幅や高さや奥行きを調べます。手すりがある場合は、持った方が安全です。

③白杖を基本的な構え方から親指を自分に向けるように手首を捻る（図1）か、握り方を変えて（図2、図3）持ち、下から2段目に白杖を当て、1段目を上がると同時に白杖を3段目に当てるというように上がっていきます。このとき、腕は前方に伸ばしたまま、白杖の位置を固定することを意識します。

④最上段まで行くと白杖が空振りするので、もう一段上がれば階段は終わりです。全部上りきったら、すぐに白杖の基本形の持ち方に変え、前方を確認してから歩き出します。

2．下り階段

①階段の近くまで来たら、スライド法で階段の縁にできるだけ直角に近付きます。上り階段と同じく（点字ブロックを過ぎたら）ゆっくり前進し、白杖で落ち込みを発見して階段の始まりを確認します。

②白杖を1段目の縁に当てたまま、両足を縁に近付けます。白杖を長めに持ち、2段目の縁を確認します。このとき、階段に対

◆指導者の位置

指導者は最初、子供の近くに位置し、指導が進むに従って徐々に離れ、最終的にはつかない状態で歩けるようにします。

原則的には、①安全が確保できる、②危険なときには制止できる位置につくようにします。

階段昇降や電車乗降の練習では、指導者自身が転落する可能性もあるので、注意が必要です。

図1
上り階段のときの持ち方

図2
上り階段のときの持ち方

図3
上り階段のときの持ち方

> **要点** 手による伝い歩きや基本的な白杖の操作技術が獲得できていれば、階段や溝があっても安全に歩行することができます。

図4　階段の下り方

図5　溝のまたぎ方①

図6　溝のまたぎ方②

図7　溝のまたぎ方③

して直角になっていることを必ず確認します。確認は、白杖やつま先を階段の縁に左右に沿わせるなどして行います。同時に段の高さや奥行などの確認も行います。

③白杖は基本形のまま長めに持ち、一段下の縁をたたきながら下ります（図4）。転落しないように、下り階段では手すりを持つようにしましょう。

④白杖のチップが地面に着いたとき、自分は一段上の段にいます。もう一段下りてから終わりになるので注意します。また、白杖で階段の縁をたたかずに、白杖を階段から少し浮かすような形を保ったまま下りる方法もあります。この方法でも、白杖が地面につくともう一段下りて階段が終わりになります。

＊下り階段では前の人に当たらないよう、白杖を前に出す角度に気をつけましょう。また周囲の人を突き落すことがないよう、ゆっくりと下りるように心掛けましょう。

3．溝のまたぎ方

①スライド法で溝にできるだけ直角に近付きます。溝の縁を発見したら、白杖は溝の縁に当てたまま、白杖があるところまで片足ずつ近付きます（図5）。

②溝の手前の縁と向こう側の縁を白杖で当てて、溝の幅を確認します。幅を確認したら、溝の向こう側の縁より先に白杖をおきます（図6）。

③おいた白杖は目印になりますから決して動かさないようにし、その白杖のところまで足を持っていくようにまたぎます。白杖が体の真横にくるくらいがちょうどよいでしょう（図7）。

＊この技術は、電車乗降でホームから車両に乗り込むときに必ず使用しますので、この段階で確実にできるようにしておきます。

Column 6 「白杖SOSシグナル」運動を知っていますか

　これは、「白杖ＳＯＳシグナル」普及啓発シンボルマーク（社会福祉法人日本盲人会連合推奨マーク）といいます。社会福祉法人福岡県盲人協会が提唱し、一般社団法人岐阜県視覚障害者福祉協会や岐阜市視覚障害者福祉協会等とともに、全国的な普及啓発を目指している運動です。第６８回全国盲人福祉大会（岐阜大会）における「全国盲人代表者会議」において、この運動を推進することが確認されました。
　内閣府では、この運動を周知することを目的に、ウェブページに次のように掲載しています。
　「白杖を頭上50cm程度に掲げてＳＯＳのシグナルを示している視覚に障害のある人を見かけたら、進んで声をかけて支援しようという「白杖ＳＯＳシグナル」運動の普及啓発シンボルマークです。白杖によるＳＯＳのシグナルを見かけたら、進んで声をかけ、困っていることなどを聞き、サポートをしてください。
　※駅のホームや路上などで視覚に障害のある人が危険に遭遇しそうな場合は、白杖によりＳＯＳのシグナルを示していなくても、声をかけてサポートをしてください。」（http://www8.cao.go.jp/shougai/mark/mark.html）

　支援する人が知っているだけでなく、視覚に障害のある人がこの運動の存在を知っていることも重要です。

（文部科学省初等中等教育局特別支援教育課特別支援教育調査官　青木　隆一）

Column 7
「白杖の妖精 つえぽん」の誕生

「学校のマスコットを作ろう」
「いや、全国の盲学校で使えるものにしよう！」
「白杖が持てない視覚障害の子どもの目印になるものがあるといいな」
という保護者の声から、本校のＰＴＡの活動として「ゆるきゃら」づくりが始まりました。どんなキャラクターにするか、何という名前にするか募集し、子供たちや保護者から集まったいくつかの中から、「白杖の妖精　つえぽん」は選ばれました。全国からたくさんの協力を得て作成費用が集まり、平成26年12月に誕生しました。「白杖の妖精　つえぽん」のモチーフはもちろん白杖です。黒い頭、白い顔と胴体に下半身が赤の白杖カラーで、赤い部分には大きな６つのボタンがサイコロの目のように並んでいます。点字ブロックの啓発が目的なので、点字ブロック模様のポシェットをかけています。そして白杖と花輪を持っています。現在は、視覚障害者の歩行の安全を守る白杖の妖精、点字ブロック啓発キャンペーンマスコットとして全国各地へ出張するようになりました。
　白杖に見えないかもしれないけれど、けっこうかわいいでしょう？

(盲学校教諭)

第7章

白杖を用いた屋外での指導

Q26 屋外で歩行指導を実施するに当たっての留意点を教えてください。
Q27 障害物を発見した後の回避方法について教えてください。
Q28 歩道と車道の区別の有無による歩行の違いについて教えてください。
Q29 車音を安全な歩行に生かす方法について教えてください。
Q30 「信号機のない交差点」の横断の方法について教えてください。
Q31 「信号機のある交差点」の横断の方法について教えてください。
Q32 「踏切」の横断の方法について教えてください。
Q33 繁華街や駅構内など混雑する場所の歩行について教えてください。
Q34 様々な手掛かりをどのように活用するとよいでしょうか。
Q35 雨天や積雪など気象条件に応じた歩行について教えてください。
Q36 歩行におけるＩＣＴ機器の活用について教えてください。

Q26 屋外で歩行指導を実施するに当たっての留意点を教えてください。

◆不安感の強い子供に伝える3つのポイント
①そば(真横等)に指導者がいること
②状況や環境の変化があれば情報提供を行うこと
③危険な場合はすぐに制止すること

◆危機回避の制止について
指導が進むにつれて制止するだけではなく、危険回避の能力や技術が身に付いているかの確認や指導が必要です。子供が習得した力の範囲内で回避できる場面かどうか、危険性も考慮して制止すべきかどうかを判断します。

◆「つまずき」とは
道に迷った状態を含む、歩行に何らかの支障をきたした状態をいいます。

【「つまずき」の状態で非常に危険な場面】
①走行中の車の回避(より遠い道路端側へ回避する等)
②歩道のある交差点発見・横断(車道へ出る等)
③信号の利用(赤信号で横断する等)
④ホームの歩行

「つまずき」の状態でも上記①〜④ほど危険な状況ではない場合、つまずきの防止に重点を置きますが、回復の方法についても確実に指導を行います。

A 一人で屋外を歩くことができるという自信は、生活環境を広げるとともに、生活経験を増やすことにもつながります。「歩くことは楽しい」という動機づけをすることが何より大切です。以下3点を意識して指導しましょう。

1．指導場所の選定について

盲学校では、系統的な歩行指導が可能です。今後、子供たちが未知の場所を歩くうえで「核となるような経験」ができるように個別の指導計画（Q8、Q10参照）に反映させて、指導場所の選定を行うことが大切です。例えば、指導初期に交通量が多く狭い道路を選択したのでは、子供に歩行の学習は怖いものだというイメージを与えかねません。子供に過度の緊張や不安をもたないように、初期の基礎的な歩行技術の指導は、交通量が少なく、かつ同一道路で繰り返し行います。その結果、子供が安心して歩行に取り組むことができ、十字路や丁字路（Q30参照）などの道路環境や一方通行といった交通規則など初めて知るものを知識や経験として一つ一つ丁寧に指導することもできます。また、信号のある交差点横断の導入を、時差式信号や大通りの交差点で行うことは適切ではありません。基本的な知識や技術を身に付けることができ、他の場所でも応用できるような交差点を選定することが重要です。

2．指導者のつく位置

歩行指導において指導者のつく位置（指導者の立ち位置）は、指導初期は子供の近く、そして指導が進むにつれて離れ、最終的には指導者がつかない状態にすることが理想です。指導初期は安全の確保ができる近い位置につき、危険な事態になる前に制止できるようにします。ただし、走行中の自動車回避や交差点での信号の利用時などは指導者のつく位置が車音などの音を遮ること（サウンドシャドウ）にならないような配慮が必要です。

3．指導者の言葉かけのタイミング

指導前に「今から何をするか」「どこまで行動すれば終了であるか」等の学習の目的や見通しを具体的かつ簡潔に伝えます。また、ルートの説明やファミリアリゼーション（Q14参照）においては指導者と子供との間に道路のネーミングなど説明の約束事を

> **要点** 各技術を習得するために最善の場所を選定すること、指導者の言葉かけや立ち位置にも留意することが大切です。

◆「つまずき」防止のポイント
- 白杖操作技術、各技術及び「歩行能力」の指導を確実に行う。
- 「つまずき」による危険を正確に伝えて注意喚起を行う。必要に応じてガイド歩行で注意すべき場所に戻り繰り返しポイントを押さえた指導を行う。
- 「つまずき」をする前に修正を促す言葉かけをする。また、「つまずき」をしていないときも必要に応じて言葉かけをする(「言葉かけ=つまずき」にしない)。

◆回復の方法の指導例
① 「つまずき」をする前のどこまで確実であったか、どこからわからなくなったかを明確にする。
② 周囲の手掛かりに気づくようにする(大通りの車の音等)。
③ その手掛かりから判断をして結論を出す。

※子供が「つまずき」に気づいた位置から正規のルートに戻れるように指導する。

作ることで概念形成を促したり、イメージの共有を円滑にしたりできます。例えば、「学校の正門を出て○○通り北側の歩道を東に向かって歩き、△△ラインを横断した後、建物側の鉄板を発見したら止まって教えてください」といったものです。

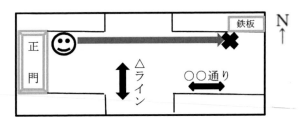

説明の約束事は道路のネーミングなど独自に決めたもので、子供が一般の人に伝えてもわからないことも考慮して指導することが大切です。言葉かけを目的別に分けると以下の4点に整理できます。
① 危険に対する注意喚起を促す言葉かけ
② まわりの状況を説明する言葉かけ
③ ランドマーク等(Q34参照)を考えさせる言葉かけ
④ 子供の判断や行動をフィードバックする言葉かけ

言葉かけの目的や対象の子供の能力によってタイミングや内容を考えます。

①は安全を確保するために最も重要です。突発的な状況で「止まれ」などと短く強い言葉が必要であったり、「5m先に木の枝が垂れ下がっているので上部防御をしてください。」等と説明したりするような場面が考えられます。②は子供の能力によっては一度にすべての情報を与えることが適切ではない場合もあります。③は白杖で手掛かりを探しているような状況で伝えてもうまく処理できないこともあるでしょう。④は白杖の振りやベアリング(Q28参照)の回復など運動感覚のフィードバックは即時評価することで正しい動きを強化することができます。

また「つまずき」の回復の指導においては、子供自身がどこまで確実に行動できていたのかの振り返りを促すような言葉かけをすることも重要です。

Q27 障害物を発見した後の回避方法について教えてください。

1．歩行の障害物となるもの

道路を歩いていると進行方向を妨げる障害物にはいろいろなものがあります。それらには、白杖が当たって発見できるものと白杖では発見できないものがあります。障害物がいつも同じ場所にあり、安全なものであればランドマーク（Q34参照）として利用することもできます。

2．障害物の回避の方法

（1）障害物が何であるかを判断する

道路を歩いていて障害物に白杖が当たったらすぐに止まり、障害物が何であるかを判断します。歩道、歩車道の区別のない道路、住宅地、商店街などで障害物の種類は異なります。例えば、住宅地ではごみ置き場のごみが、商店街では店先に置かれた商品が障害物となる場合があります。状況や場所から障害物を予想して歩き、白杖が当たった音や感触などから判断する必要があります。

（2）どちら側に避けたらよいかを判断する

白杖を左右にスライドさせて前方、右前方、左前方の3方向を確認し、回避する側を判断します。そのためには、今、道路のどちら側を歩き、どこにいるのかを知っている必要があります。また、白杖が障害物に当たった側と反対側に回避してしまいがちなので、適切な側に回避できるようにすることが大切です。

（3）進行方向を維持しながら回避する

障害物を回避するときに進行方向が変わって方向を見失うと、「つまずき」（Q26参照）の原因になります。白杖が障害物に当たったら足を動かさず（つま先の向きを変えない）、その方向を維持したまま移動の安全確認を行って回避するようにします。

3．障害物回避の指導

（1）歩く速さ

障害物を予想して歩いていても、白杖が障害物に当たるのは突然で衝撃もあります。必要以上に速く歩かないこと、また障害物が多いことがわかっているところでは、速度を落として歩く指導も必要です。

（2）白杖の当て方

障害物を確認や回避の際、車や商品などの場合は、白杖を激し

◆障害物の例
・電柱、交通標識のポール
・駐停車する車や自転車
・看板や品物

◆白杖では発見が難しい障害物の例
・道路にはみ出した生垣
・電柱を支える支線（ワイヤー）
・駐車するトラックの荷台
・歩道橋の裏側

電柱を支えるワイヤー
（前方に向かい傾斜する場合）

トラックの荷台
（白杖が荷台下に入り込む）

歩道橋の裏側
（歩道橋の下を歩く場合）

> **要点** 「止まって障害物を確認すること」、「回避する側を正しく判断すること」、「進行方向を維持して回避すること」の３点が大切です。

◆障害物の判断
・電柱：白杖が当たる音や感触
・ポール：高い金属音
・車：白杖が当たる位置も手がかりとなる（車体の下に白杖が入り込むので白杖の先より少し上の位置に当たる）。

◆駐車中の車の回避

道路中央側への回避
（道路を走行してくる車に注意）

トラックのサイドミラー

◆白杖による環境の認知
障害物は可能な限り手で触らず、白杖で触れて判断できるようにします。幼少期から触覚を使って環境を認知する経験を重ね、白杖を持つようになったらガイド歩行の際に白杖でいろいろなものに触れる経験をさせて、白杖を介して環境を理解する力を高めることが大切です。

く当てないよう気をつける指導が必要です。

(3) 回避行動

道路で練習する前に、校内で障害物に見立てたものを使って練習したり、触地図などで理解したりしておくとよいでしょう。その際、円柱や直方体など障害物の形による違いも指導することが有効です。また回避の際、白杖を障害物に当てたままにしがちですが、左右に振って安全を確認しながら回避する必要があります。

(4) 駐車中の車の回避

駐車中の車と道路の端に回避可能なスペースがある場合は、まずは道路の端に寄って回避します。道路の中央側に回避する場合は、車の陰になり走行車から見えない場合があること、バンやトラックはサイドミラーが顔や体に衝突する危険があることに注意させます（写真参照）。また、回避の際、車体に手で触れて伝い歩きしてもよいですが、走行方向に対し少し斜めに駐車している場合もあるので回避後の進行方向に注意が必要です。

路上に停車している車は、エンジン音が聞こえた時点で止まって状況を判断します。すぐに発進する様子がない場合は道路の端（または道路の反対側）を歩いて回避します。

(5) 多くの場面を経験させる

障害物の形状、大きさ、向きは様々で、障害物に触れる状況も多様です。また、路上で立ち止まる人などに白杖が当たる場合もあります。こうしたことから、障害物の回避は歩行指導全般にわたって指導する必要があります。

(6) 白杖の基本的な使い方の指導

白杖の振り幅が小さいと障害物が発見できなかったり、白杖でいろいろなものに触れる経験をしてきていないと、白杖が当たった音や感触から障害物が何であるかを判断できなかったりします。障害物を安全に能率的に回避するためには、白杖の振り方や白杖による環境認知など、白杖の基本的な使い方が身に付いていることが大切です。

(7) 白杖で発見できないものの回避

白杖で発見できない障害物は、最初に説明して注意させる必要があります。また、社会の理解や周囲からの配慮も大切です。

28 歩道と車道の区別の有無による歩行の違いについて教えてください。

道路を歩行する際は、練習してきた基本的な操作技術を、状況に応じて組み合わせながら歩くことになります。もちろん、最優先されるべきは安全の確保です。様々な危険を察知し、回避しながら目的地まで歩けるようにします。

また、道路には様々な構造があり、道路環境に応じて白杖操作を使い分けるなど工夫しなければなりません。そのためには、技術面だけでなく、道路環境に関する知識も重要になります。道路の構造や用語などの知識を持つことで、練習内容の理解がより深まり、道路環境に応じた歩行技術を身に付けていくための手助けとなるでしょう。ここでは、歩道と車道の区別の有無をテーマに考えてみます。

1．歩車道の区別がない道路を歩くとき

まずはタッチテクニックやスライド法で進みます。その際、白杖の振り方が適切か、身体の向き（足先や顔の向きなど）が進行方向を向いているかなど、基本的な観点に注意します。これらの基本が適切でないまま歩いていくと、進行方向から自然に逸れていってしまうベアリングが起こる場合があります。

例えば、ベアリングが生じて道路の端に寄ってしまった場合、本来の進行方向に戻って歩行を再開します（図1）。ベアリングが多くなると、端に寄っては戻ることを繰り返すことになり、効率性が低下すると同時に危険性が増すことにつながります。

歩車道の区別がない道路を歩く場合、目的地に向かって進むと同時に、道路のどのあたりを歩いているのかを意識しながら歩くことが重要です。道路には排水のための勾配があり（水勾配という）、中央から端にいくに従って低くなっています。この勾配を利用したり、地面の質感の違いや道路と建物の境をガイドラインとして利用したりすることで、自分がいる位置をより正確に知ることができます。ガイドラインの利用は、目的地や手掛かりを発見したり、途切れた際には路地を発見したりするなど、周囲の環境把握に有効です。

◆ベアリング
　本人の意思に関係なく、進行方向から自然に逸れていってしまうこと

＜ベアリング後に元の進行方向に戻る方法＞
　右にベアリングした場合

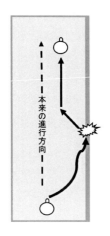

①進行方向から自然に右方向に逸れていく。
②道路の右端にあたる。
③白杖を振って方向のずれを把握し、やや左斜め前方を向き、2、3歩進む。
③やや右斜め前方を向いて、本来の進行方向に戻り、進む。

> **要点** 環境に応じた白杖操作の工夫が基本になります。種々の情報を総合的に判断することで、自分のいる位置を把握し、安全を確保します。

◆ドライブウェイ
　車が歩道を越えて出入りしやすいように、車道側に下がっている部分

◆様々な道路環境

側溝がある道路

凹凸が多い路面の歩道

2．歩道を歩くとき

　歩車道の区別がない道路と歩道との違いは、ほとんどの歩道が段差や縁石、溝ぶたや壁などによって車道や建物側との境がはっきりしていることです。歩道を歩くときは、それらの手掛かりを利用しやすいように、歩道の状況によっては、タッチテクニックよりスライド法で歩くことが適している場合があります。

　また、歩道の歩行時も、車の走行音への意識は大切です。車の走行音は、ベアリングによって車道側に寄り過ぎていないか、進むべき歩道から離れて駐車場に入り込んでいないかなどを知るための重要な手掛かりになります。進行方向が正しく、自分と車道との距離が適切な間であるかを意識し、状況を理解しながら歩けるように、車の走行音を手掛かりにすることの大切さを指導するとよいでしょう。

3．危険を回避する判断力と行動

　歩道は歩車道の区別がない道路よりも安全であるように感じますが、ドライブウェイから車が出入りする場合があります。また、歩道上は自転車や通行人との距離が狭くなるので、接触しないように注意しなければいけません。いずれの状況でも、危険を察知したらすぐに立ち止まって、安全の確保のための行動ができるようにしておく必要があります（Q27参照）。

4．環境に応じた工夫

　前述のとおり、歩道はスライド法による歩行が適していますが、歩道環境によってはスライド法では歩きにくかったり、タッチテクニックでも安全が確保できたりする場合があります。環境に応じた歩行の例を考えてみましょう。

・スライド法が適していると考えられる環境 ⇒ 狭い歩道、点字ブロックがある歩道（白杖による触覚利用）、片側に側溝がある道路など
・タッチテクニックが適していると考えられる環境 ⇒ 広い歩道など
・スライド法では歩きにくいと考えられる環境 ⇒ インターロッキングなど凹凸のある路面など

Q29 車音を安全な歩行に生かす方法について教えてください。

自動車は時として、重大な事故につながりかねない危険なものですが、自動車の音（以下、車音とする）を注意深く聞くことは、安全な歩行につながっていきます。同時に、車音は歩行の手掛かりとしても重要な役割を果たしています。

例えば、車音で道路横断のタイミングを知ることができます。十字路の場合、左右に走る車が止まったり、平行に走る車が発車したりする音が重要な手掛かりになります。また、住宅街など静かで、歩車道の区別のない道路では、左右に走る車の音や右左折車の音が聞こえたり、一度停車してから発車する車音が聞こえたりした場合、交差点があるという手掛かりになります。大型トラックの中には、右左折するときなどに音を鳴らして知らせる装置があるので、近くに交差点があるという手掛かりになります。また、平行に走る車音は、進行方向の手掛かりにもなります。

1．車音の種類

車音の種類には、例えば大型トラック、普通乗用車、バイク、自転車などといったものがあります。まずは指導者がそれぞれの車音の特徴を伝え、その後、子供に質問してみて、自分の言葉で説明させたり、ある程度聞き分けられる子供には、クイズ形式にして考えさせたりするとよいでしょう。

また、先天盲の子供の場合、車音と車種が結びついても、実際に触ったことがないということが考えられます。本物の車に触り、その大きさを体感することを大切にしてあげたいところです。車体の大きさを知ることで、慎重に歩行しようという意識につなげることができるでしょう。

さらに、ハイブリット車や電気自動車など、車音がほとんどしない車もありますので、そのような車があるということや、実際に近くを通ったときに音を聞くことも大切です。

◆あわせて指導しておきたいこと

①特に先天盲児の場合、どのようなときに交通事故が起こるのか、事故に遭うとどうなるのかということをイメージしにくい可能性があります。事故について説明し、事故に遭わないためにはどうすればよいのか、一緒に考える時間をもつことも大切でしょう。

②雨の日などで傘をさしたり、レインコートを着たりした状態では、車音をはじめ、周囲の音の聞こえ方がいつもと異なります。雨音や傘、レインコートの帽子などで、音が聞こえにくくなるためです。一方で、雨がやんだあと、水たまりなどがあるときは逆に車音が聞きやすくなります。

また、風の強度や風向きにより、遠くの音が近くに感じたり、近くの音が遠くに感じたりすることもあります。気象状況による音の聞こえ方の違いにも注意が必要です。

> **要点** 車音は、歩行する際の重要な手掛かりです。平行や左右に走る自動車など効率的に活用できるよう指導しましょう。

平行に走る車

左右に走る車

2．車音が聞こえる方向

　車が走る方向は、大きく「自分に対して平行に走る車」と「左右に走る車」の２つに分けられます。さらに、平行に走る車には、自分の前から後ろへ走る車と、後ろから前へ走る車があります。左右に走る車には、自分の前または後ろで、右から左へ走る車と、左から右へ走る車があります。また、十字路では右折車や左折車など、前後から左右へ、左右から前後へ方向を変えて走る車もあります。平行や左右に走る車、右折車、左折車などと自分との位置関係をイメージしにくい可能性がありますので、実際に大きな道路などで音を聞く練習をするとよいでしょう。また、自分に近付いたり、遠ざかったりする音を聞き分けられるようになることも大切です。

3．車音を活用するための指導

　小学部低学年段階では、自立活動や生活科など時間で学校外に出る場面があると思います。その際、意識的に車音の種類や車音が聞こえる方向を聞く経験ができるとよいでしょう。もちろん、就学前や家庭での経験も重要ですので、保護者への説明も大切にしたいところです。

　指導では、どの方向から車音が聞こえてきたか、どれくらい距離があるのかなどを、子供との対話を通して考えさせるとよいでしょう。聞き分けられるようになってきたら、交通量が多く、車音がよく聞こえる道路の歩道などで、車音に対して体を向けたり、平行にしたりする練習をするとよいでしょう。道路横断時の手掛かりとして利用する際の練習になります。

4．走行する自動車の回避

　歩車道の区別のない道路を歩く場合（Q28参照）、自分に対して平行に走る車との距離が近いため注意が必要です。特に道幅が狭い道路の場合、車音が聞こえてきたら道路の端に寄り、車が行き過ぎるまで止まりましょう。通過後は、車が来てないかどうか確認してから歩行を再開します。トラックなど大型車の後続車は、車音が確認しにくいので注意が必要です。

Q30 「信号機のない交差点」の横断の方法について教えてください。

　交差点とは、2本以上の道路が交差する場所のことです。信号機のある交差点とない交差点がありますが、ここでは、信号機のない交差点の横断について解説します。

1．交差点の種類

　交差点の種類は複数あります。三叉路交差点は、2本の道路の交わる形状によってT字路交差点とY字路交差点に分類できます。また、十字路交差点は、2本の道路が1カ所で交差し、上から見ると漢数字の十の形をしています。これ以外の交差点として、複数の道路が1カ所で交差している五差路交差点、3本以上の道路を円形のスペースを介して接続したラウンドアバウトと呼ばれる交差点もあります。

2．手掛かりについて

　交差点を安全に横断するためには、①交差点の発見、②横断位置、③横断の方向、④横断のタイミング、⑤横断後の確認が重要です。その際、白杖の基本操作、環境認知、車や自転車の音、人の足音や気配、道路の勾配などが大切になってきます。

3．交差点横断の指導に当たって

（1）交差点の発見

　交差点の発見の方法は、歩車道の区別がある道路とない道路とに分かれますが、基本は同じで、環境の変化や音で発見することができます。環境の変化の例は、伝ってきたガイドラインの形状の変化、歩道の先に縁石、歩道が下り坂になるなどがあります。点字ブロックが、誘導ブロックから警告ブロックに変わることも手掛かりの一つです。音による手掛かりには、車音があります。交差点の路地を出入りする車の音、曲がるために交差点手前で停止している音、停止している車の発進音などがあります。また、自転車や人の足音なども交差点の発見の大切な手掛かりです。

（2）横断位置

　横断位置は、横断の仕方によって変わります。
①進んできたルートをそのまま維持し横断する。
②横断すべき路地に一旦入り込んだ後に横断し、予定のルートに復帰する（SOC：squaring off crossing）。

◆交差点の種類

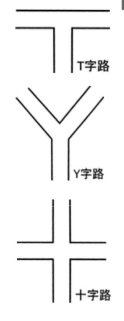

<参考>

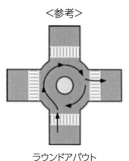

ラウンドアバウト

◆「丁字路」と「T字路」

　道路交通法第1章第2条の5における交差点の説明で、「丁字路」という言葉が使われていることから、「丁字路」が正式な呼称となります。しかし、Y字路に対してT字路という考え方もあり、T字路という呼び方が一般的です。

> **要点** 交差点の形状を理解したうえで、白杖から得られる環境の変化や車音などの手掛かりを安全な横断に生かすことが大切です。

◆ガイドライン
道路と壁や建物などの境界

隅切りの角

◆横断位置
①ルートを維持して横断

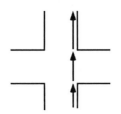

②SOC

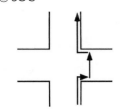

の2通りがあります。①の横断開始位置は、進んできたルート上で交差点を発見した場所になります。②は交差点を発見し、路地側に入り込んだ場所になります。このとき、交差点の角が隅切りになっている場合があるので、その場合、確実に2カ所の角を確認することが重要です。

（3）横断の方向

　横断の方向は、基本的には、進んでいくルートの車道と平行に進む方向になります。その際、その車道を通過する車と平行に進むことが大切です。通過する車も同じ方向に向かう車と、反対方向に向かう車との車音の違いを理解する必要があります。②の場合、入り込んだガイドラインなどで横断したい方向に対して直角をとることができます。どちらも、交差点の中央へ向かってしまうことが最も危険ですので、練習当初は、交差点の中央から離れるような方向へ進むように指導することもあります。

（4）横断のタイミング

　横断位置で横断できるかどうかの安全確認が重要です。安全の確認は、自動車やオートバイ、自転車などの車音を利用することが大切です。最近は車音の小さいハイブリット車や電気自動車などのことも知識として伝えておく必要があります（Q29参照）。

　横断のタイミングを待っているときは、白杖を体の前に垂直に立て、自分が動かないことをまわりに知らせたり、横断するルートをイメージしたりします。また、横断するときは、白杖を一度左右に振るなどして横断の合図および横断のタイミングを周囲に知らせることも大切です。交差点で停止している車がある場合は、「お先にどうぞ」の身振り手振りで合図し、先に通過してもらったり、自分が先に進む場合では、白杖を前に出すなどして意思表示してから、停止している車が発進しないこと、他の車の音がないことを確認し横断を開始します。横断時の白杖の基本操作のスライド法の技術で進みます。

（5）横断後の確認

　横断ができたことの確認は、横断後にある壁などのガイドラインを白杖で発見することで確認します。その後は、予定のルートの方向に向き移動を始めます。

「信号機のある交差点」の横断の方法について教えてください。

信号機のある交差点は、信号機のない交差点より横断距離が長く、交通量も多いため、危険性が高くなります。「信号機のない交差点の横断」（Q30参照）での学習に十分に取り組んでから実施することが大切です。

1．信号機の種類と役割

一般的に信号機は、①車両用、②自転車用、③歩行者用などがあり、①と②は3色、③は2色で、それぞれが連動しながら機能しています。

また、信号機の定義やその遵守義務は、道路交通法に定められています。その役割は、①交通事故を防止する、②車の流れをスムーズにする、③交通環境を改善する、があります（日本交通管理技術協会）。指導に当たっては、実際の横断歩道や模型で作成した仮想の交差点を利用し、その仕組みを理解できるようにするとよいでしょう。

2．手掛かりについて

道路を安全で確実に横断するためには、①交差点の発見、②横断の位置、③横断の方向、④横断のタイミング、⑤横断後の確認が重要です。これらを正しく知る手掛かりとして、点字ブロック、音響信号装置（視覚障害者用付加装置）、エスコートゾーン（視覚障害者用道路横断帯）などがあります。これらが設置されていない交差点でも、車音（発進音、走行音、静止音）、縁石、歩道のすりつけ（スロープ）、水勾配、人通りの足音（信号無視者に注意）なども手掛かりになることを、体験的に学習しておく必要があります。

3．交差点横断の指導に当たって

指導方法は、横断のタイミングを知らせる音響信号装置により異なります。安全に横断できる時間を確保するために青信号の途中で横断を開始せず、次の青信号まで待つようにしましょう。また、前述した交差点の手掛かりに触れ、その交差点での車と歩行者の流れ、信号機のサイクル（周期）の継時的な変化を観察します。場合によっては子供の腕を広げたり、手の掌に交差点の形状を書いたりして交差点のイメージをもてるようにするとよいでしょう。また、必要に応じて時差式や歩車分離式のような信号機

◆信号機の定義
＜道路交通法第2条＞
14　信号機　電気により操作され、かつ、道路の交通に関し、灯火により交通整理等のための信号を表示する装置をいう。

◆信号機の信号等に従う義務
＜道路交通法第7条＞
道路を通行する歩行者又は車両等は、信号機の表示する信号又は警察官等の手信号等に従わなければならない。

エスコートゾーン

> **要点** 信号の音響だけでなく、車音や他の歩行者の動きから青信号を推測し、横断のタイミングを判断するようにしましょう。

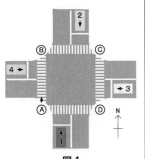

図1
音響信号装置のない道路横断

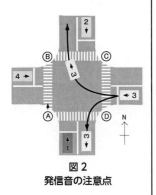

図2
発信音の注意点

のサイクルにも触れてください。

（1）音響信号装置のある交差点の横断

音響信号装置がある場所は、概ね点字ブロックも設置され、比較的に横断しやすいです。指導初期は信号機の延長機能を使用し、安全を確保しながら指導します。

（2）音響信号装置のない道路横断

音響信号装置がないため、横断のタイミングは、歩行者の進行方向と同方向に進行する車の発進音を利用します（図1で地点Aから北方向に横断するときは、1・2車からの発進音）。指導の手順としては、まずガイド歩行で横断のタイミングの学習を行うようにします。タイミングの学習では、最初に交差点横断を時計回りに行います。そのとき、右後方や右前方の発進音を利用した横断をします（例：地点A→Bでは1・2車）。A〜Dの4カ所でできるようになったら、反時計回りの横断練習に移り、今度は左前方か左後方の発進音を利用します（例：地点A→Dでは3・4車）。

（3）音響信号装置のない交差点の横断の注意点

①指導者の立ち位置：指導者は子供が間違ったタイミングで歩き出したときに、すぐに静止できる距離であり、かつ子供が聞こうとしている音を遮らない場所や姿勢での位置にいることが望ましいです。指導者の位置取りが大切になります。

②発進音：車がアクセルを踏み込んだときに発する発進音を横断のタイミングと判断せず、それに続く走行音も重要になります。例えば、図2の地点AからBに横断するとき、横断の手がかりとして使う1・2車の発車音（横断可）と3・4車が左折・右折するための発進音（横断不可）が同じ方向から聞こえることがあります。この場合、前者の走行音は交差点の中央を経由しますが、後者は交差点から遠くに離れていきます。この違いを横断のタイミング学習で十分に指導しておく必要があります。

③その他：信号機の青色は実際には緑色であること、音響信号装置は歩行者用信号機の青色の点滅で終了すること、救急車などの特殊車両が往来するときには横断しないことにも知らせておいた方がよいでしょう。

Q32 「踏切」の横断の方法について教えてください。

1．踏切での歩行方法

踏切を横断するときは、白杖による伝い歩きの方法（Q24参照）を使用して踏切の端を伝って歩行します。白杖による伝い歩きの方法は、伝うものによっていくつかの方法がありますが、踏切の端は下がっていますので、側溝のように落ち込んでいるところを伝うときの方法を使用します（Q25参照）。

2．ファミリアリゼーションの必要性と指導上の留意点

踏切は特殊な環境なので、全く通ったことがない初めての踏切を単独で歩行することは困難です。ファミリアリゼーション（Q14参照）を行う必要があります。ファミリアリゼーションでは、踏切の幅や長さはどれくらいか、渡り切るまでにどれくらいの時間がかかるかといったことに加えて、歩いて来た道に対して、その先はそのまま真っ直ぐに続いているのか、それとも左右どちらかに曲がっているのか、やや斜めに続いていくのかといった情報もしっかり伝えることが大切です。また、子供が踏切に対して強い恐怖心を持っていることがありますので、最初は、指導者はできるだけ近くに立ち、安心感が得られるようにするとよいでしょう。

そして、ファミリアリゼーションで得た情報をもとに、車両が通行してくる場合の対処方法や、途中で警報機が鳴った場合は、前進するか、引き返すか、近い方をすみやかに判断して歩行するよう指導します。また、遮断桿が降りているときは、それに白杖、もしくは手を触れて電車を待っていると、遮断桿の上昇がわかりやすいので、そのような指導を取り入れてもよいです。

◆踏切の種類

踏切は、設置される設備等によって、第1種：自動遮断桿が設置されているか、または踏切保安係が配置されている。第2種：一定時間を限り踏切保安係が遮断機を操作する。第3種：踏切警報機と踏切警標がついている（遮断桿はない）。第4種：踏切警標だけの踏切で、列車の接近を知らせる装置はない。の4種に分類されます。それぞれの設備に合った方法で電車の接近に注意する必要があります。

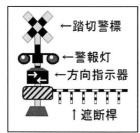

踏切警報器各部名称

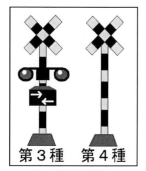

第4種は踏切警標のみ

※写真は、踏切の端が直線ではなく、曲がっている場合の例です。左側を伝っていくと前が落ち込んでいるので注意が必要です。

> **要点** 踏切では、確実な白杖操作と的確な判断力が大切です。難しい場合は、援助依頼をしたり、別のルートを検討したりすることも大切です。

◆歩行ルートと踏切の左右

踏切の左右どちらを伝うかについては、歩行ルート全体を視野に入れ、行動計画を基にして考える必要があります。踏切に至るまでに歩いてきた道と、踏切を渡った後の道の状況を見極め、安全なルートを考えます。そのうえで、踏切の発見のために、どの時点で道路の右または左に寄って白杖による伝い歩きに移行しておけばよいのかや、踏切の通過後の道路横断をどこで行うかなども指導します。

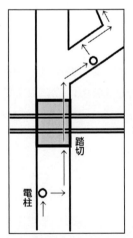

踏切手前は左側を歩いて来て、電柱を発見して右側に横断、踏切内や通過後は右側を歩行し、再び電柱を発見して左側に道路を横断し、左側を歩行するルートの例

3．踏切の歩行における注意点

踏切の歩行で、最も大切なことは、線路側に落ちないようにすることです。

鉄道の線路部分は、多くの場合、バラスト（砂利、石）を敷いた上に枕木を使ってレールを支える構造になっています。踏切から鉄道の線路部分に落ちてしまうと、バラストの上は平坦ではないため大変歩きにくく、さらに線路がその上に出っ張っているため、つまずく危険があります。線路につまずいて倒れたりすると心理的にもパニックになり、方向を誤まるなど、命に危険が及ぶことになります。ですから、白杖による伝い歩きが確実にできるように練習しておくとともに、線路側に絶対に落ちないように指導することが大切です。

4．個人の能力と歩行方法の選択

以上のように、踏切の歩行には、白杖による伝い歩きの技術が安定していることとともに、判断力が十分に備わっていることが必要ですので、難しいと判断される場合は、遠回りになっても、より安全なルートを選択することや、援助依頼をするよう指導するなど、指導者が別の方法や手段を考えたり、アドバイスすることが大切です。

また、歩行技術や判断能力が十分であっても、時間帯によっては車の往来が激しいことがあります。危険であれば、単独で歩行しない判断をするというアドバイスも大切です。

5．歩行指導における「踏切の指導」の位置づけ

踏切は、基本的には踏切を通らなければならないときに、その技術を指導すればよいもので、必ず指導しなければならないものではありません。将来のために、近くに踏切の指導を実施できる環境があれば指導してもよいですが、初めての踏切を単独で利用することは困難であり、ファミリアリゼーションを行ってから利用しなければならないことを強調しておく必要があります。

繁華街や駅構内など混雑する場所の歩行について教えてください。

歩行者で混雑している場所には、繁華街や駅構内のコンコース、改札付近などがあります。このような場所を歩くときは、白杖操作や歩行速度などを工夫して、いつもとは違った歩き方をする必要があります。

1．混雑している場所での歩行の仕方

白杖を大きく振って歩いていると、それこそ周囲の歩行者を転倒させてしまうかもしれません。混雑している場所では、自分自身の安全性を確保したうえで、白杖を短めに持ったり、少し立てて持ったりして歩くとよいでしょう（写真参照）。そうすることによって、白杖があまり前に突き出なくなり、自分から路面に接地するチップまでの位置が近くになります。その結果、歩幅が少し狭くなり、歩行者の足下などに白杖が接触することが少なくなります。ただし、プラットホームでは、安全上から白杖は必ずスライドさせていつもと同じように使用します。

歩く速さについても、いつもよりゆっくり歩くようにします。周囲への注意喚起につながり、白杖が歩行者の足下などに接触することが少なくなります。また、駅構内のコンコースなどで、左右への方向転換や歩行者の流れを横切って歩くときは、白杖が歩行者と接触することが多いため、少し間をおいて周囲に自分の存在を明示してから歩くとよいでしょう。歩行者の中には、お年寄りや小さな子ども、車椅子を使用した人などがいるかもしれないということも意識しながら歩くことが大切です。

2．混雑している場所の環境や状況の理解

繁華街や駅構内は、人混みだけではなく、障害物となる物や注意が必要となる場所などがあることを理解しておく必要があります。階段や柱、店頭にある立て看板、駐輪した自転車など周囲の環境を理解することにより、予測をしながら歩行できるようになり、安心感を持って確認や回避などを行うことができます。

また、歩行者の流れには、自分が歩く方向と同じ流れや横切る流れなどがあり、駅構内などそれぞれの場所や時間帯によってどのような流れがあるのかを理解することも大切です。人の流れに乗って歩くことにより、場合によっては、人混みでも上手に方向性を確保して歩行することもできます。

◆コンコース
　駅構内にある大きな通路や広場など

◆白杖の持ち方の違い

通常の持ち方

混雑している場所での持ち方

> ## 要点
> 安全を確保するために白杖操作や歩行速度などを工夫するとともに、周囲の歩行者にも配慮した歩行が大切です。

◆**混雑している場所を歩くポイント**
①白杖を短めに持つ。
②白杖を少し立てて持つ。
③白杖の振り幅を少し狭くする。
④ゆっくりとした歩調で歩く。
※プラットホームでは、①～③は危険なため行わない。

◆**混雑している場所で特に注意が必要な場合**
①人の流れを横切って歩く場合
②左右に方向転換をする場合
③混雑したホームを歩く場合
④階段を利用する場合（歩行者の上り下りの方向や流れにも注意）

3．指導を行う時期

　歩行者だけではなく、階段や障害物などにも注意が必要で、混雑した場所に順応した歩行をするためには、安全性の確保を中心とした白杖操作などが十分に身に付いていなければなりません。基本となる技術や知識を確実に習得し、その場の環境や状況の観察に集中して歩行することが必要です。そのため、子供の課題などを考慮し、応用的な指導として適切な時期に取り組むとよいでしょう。

4．柔軟な対応

　いくら自信や経験のある人でも、ラッシュアワーのピークや不測の事態などで混雑している場所を歩行することは大変です。いつもとは違った事態や状況の中では、無理をせず、ガイド歩行といった援助依頼をすることが大切です。特に混雑した駅のホームは大変危険なため、そのときの事態や状況に応じて駅員や利用者に依頼をすることも必要です。登下校等でよく使う駅などでは、あらかじめ駅員に、必要に応じて支援してもらえるように伝えておくとよいでしょう。また、その日の天候や時間帯にも考慮し、日頃から時間に余裕を持って行動することも大切です。

5．社会的なマナーと啓発

　白杖が接触して歩行者を転倒させ、場合によっては、加害者になったり、トラブルを引き起こしてしまうこともあります（Q44参照）。自分自身の安全性を確保して歩行するだけではなく、周囲の歩行者に白杖を接触させたり、転倒させないといった配慮の気持ちも大切です。とはいえ、白杖が歩行者に接触してしまうのを防ぐことはどうしても困難です。その際には、「すみません。」「ごめんなさい。」といった言葉を相手に自発的に伝えることができるよう日頃から子供と話をしておくとよいでしょう。これは特別なことではなく、一般的なマナーですが、ひいては視覚障害者への正しい理解といった社会への啓発にもつながることになります。

Q34 様々な手掛かりをどのように活用するとよいでしょうか。

視覚障害者の歩行では、視覚以外の感覚や知覚を活用して、路面の様子や自分の位置、これから向かっていく方向などに関する情報を得る必要があります。そのため、歩行指導では、様々な手掛かりの意味を理解し、それらを見つけ、活用できる力を育てていきます。

1．手掛かりの種類と特性

歩行における手掛かりとは、環境認知に活用できる音、におい、風、道路状況、事物などの情報のことです。例えば、前を横切る車やバイクの走行音から、「この先に交差点がある」と気づいたり、空調の室外機からの風や音で曲がり角にある飲食店を確認したりすることができます。白杖がポールや駐輪している自転車に当たったときの、聴覚的・運動感覚的・触覚的情報も手掛かりとして有効です。

手掛かりの中で、いつでも存在し、見つけやすい対象のことをランドマークといいます。同じ場所を歩くときに毎回活用することができます。

(1) 音

視覚障害者用の誘導チャイムをはじめ、学校の子どもたちの声やマンホールの水の音、店舗から発せられる固有の音などがあります。音は離れたところから確認できる利点がありますが、風向きによっては聞こえる方向が変わることや、発生する時間帯が固定していることもあるので、注意が必要です。

(2) におい

花屋、パン屋、ガソリンスタンド、公衆トイレなどのにおいも、音よりは距離が短いですが少し離れたところから確認できます。しかし、風の強い日には感じ取れないことがあります。

(3) 道路状況

アスファルト、砂利、土などの路面の特徴や、坂、段差、階段などの高さの変化、マンホールのふたや側溝の鉄板、点字ブロックなどはいつも存在し、ランドマークとしての確実性が高いものです。その地点に到達しないと確認できませんが、白杖を通して、または足裏の感覚で確認することができます。

◆道路における歩行指導

歩行ルート上にある手掛かりを上手に活用することは、容易に目的地にたどり着くことにつながります。

道路における歩行指導は、「基礎的能力」を基盤とした手掛かりの活用方法、目的地の発見方法などを通して、白杖操作技術・道路における歩行技術を主体とし、地図的操作、環境認知、身体行動の制御、援助依頼の指導を適切に織り交ぜて指導する必要があります。

◆視覚を活用したランドマーク

ガイド歩行の際、「Y銀行の角を右に曲がりたいのです。」などのように、一般的に知られている目印を使うことが有効です。また、ひとり歩きのときにルートに関する情報を得るときなどにも、視覚を活用したランドマークを記憶しておくことが必要です。

> **要点** 複数の手掛かりを組み合わせて、自分の位置や向かっていく方向などを確認・修正しながら歩くことが大切です。

◆環境の認知

環境の認知には、駐車している車があるなど、そのときの環境の状況、時間帯や天候も影響することを知っておく必要があります。どのような手掛かりが活用できるのか、子供の歩行能力、歩行環境に応じて指導することが大切です。

◆歩行補助具の利用と注意点

いろいろな歩行補助具が手掛かりとして有効ですが、課題もあります。

①音響信号

音やメロディーで青信号を知らせてくれるものですが、どの音やメロディーのときにどの方向が青信号であるのかを前もって知っていなければ利用できません。音量と作動する時間帯が制限されている場合があり、注意が必要です。

②ランドマーク用チャイム

バス停、建物の入口、駅の階段・券売機・改札口、交差点等に設置されているものです。一般的に視覚障害者にとっては発見が難しく、設置場所とその意味が前もって知らされなければ理解できない場合があります。また、設置場所が多すぎると混乱をまねくことや騒音の問題となることがあります。

（４）路面の構造物

郵便ポスト、電柱や道路の標識のポール、壁なども、他のランドマークと組み合わせることで有効に活用できます。意識的に探さなければ気づきにくいものですが、閑静な場所などでは有効な手掛かりとなります。

２．手掛かりの活用と環境認知

ランドマークなどの情報を分析・判断することは、周囲の環境や自分がどこにいるのかを把握するために必要です。必要な情報を適切に組み合わせることが、視覚障害者の安全で効率的な歩行につながります。そのため、目的地の発見は、手掛かりが少ないほど難しくなります。また、ランドマークを発見するためには、目的地や交差点の発見と同様に、白杖による伝い歩きが有効です。

３．手掛かりを活用した歩行の実践

学校から郵便局へ行くルートの例を紹介します。A地点の手前で自動販売機の音により交差点が近いという判断をして、白杖による伝い歩きをします。電柱を発見し、交差点を確認したら左折します。別な道も点字ブロックが敷設されていますが、上り坂であることを確認します。やがて下り坂に変わり、B地点では足裏や水音からマンホールを発見し、突き当りを右折します。急な下り坂になったら伝い歩きをします。C地点では電柱や空間の広がりから交差点を確認し、左折。パン屋のにおいも手掛かりになります。D地点に近づくと、通行する車のエンジン音が大きくなってくるので伝い歩きに変えます。歩道を発見して左折。郵便局の入口は、マットで確認します。

35 雨天や積雪など気象条件に応じた歩行について教えてください。

1．降雨時の歩行

雨でも歩かなければならないことがあります。雨天だからといって歩行指導を中止するというものではありません。

降雨時の歩行では、雨具を利用することなどで変化する歩行条件を何回か体験させたうえで、それに対応する知識や技術を指導します。

（1）雨具を利用することなどで変化する歩行条件

①頭の上に傘などをかぶることで、音の反響に変化が生じ、いわゆる障害物知覚が起こりにくくなる。
②①と同様の理由で、音源により自分の位置を定位することが難しくなり、方向を見失いやすくなる。
③雨音や車音による音のマスキングのために、手掛かりになる音が聞き取れなくなる場合がある。また、濡れた路面では車音が大きくなり、車道に接近していると感じ、車道から離れようと建物側に入り込みやすくなる。
④水たまりは白杖で認知しにくく、避けることは難しい。

（2）降雨で変化した歩行条件に対応した指導のポイント

①障害物知覚ができなくとも、白杖と傘が障害物への衝突を防ぐ防具となること。
②方向を確実に取るために、壁側の伝い歩きをすること。
③音の手掛かりが多少減ることはやむを得ないので、その他のランドマークを見落とさないようにすること。また、雨が強い場合、必要に応じてレインコートのフードや傘を外して音を確認する必要があること。
④防水性の高いはきものをはくようにすること。

2．強風時の歩行

強風時には、タッチテクニックよりもスライド法の方が風の影響を受けにくくなります。また、身に付けるもので風にあおられるようなもの（長いマフラー、ボタンを外したままのコートなど）は、走行車とすれちがう際に引っかけられる危険性があるので注意が必要です。また、強風時も音の対策が必要です。上記1（1）①〜③と同じような状況が起こりうるので、同様に対処できるようにしましょう。

◆傘？レインコート？

どちらかを否定することはできません。ただし、傘の開閉とレインコートの着脱、混雑地などにおける周囲への配慮のしやすさという点で比較すると、扱いやすい傘を基本と考えるのがよいでしょう。

◆傘の扱い方に注意！

傘の開閉では、特にワンタッチで自動的に開く傘でトラブルが起きやすいので、扱い方を指導しておきます。また、混雑しているバス・電車等では、濡れた傘が他の乗客に触れないよう、袋などを持参するのも一つの方法です。

◆雷が鳴っているときは？

遠雷が聞こえれば、落雷の可能性があります。鉄筋コンクリートの建物、自動車、バス、列車の内部に退避すると比較的安全性が増します。

要点 晴天時と雨天時では、周囲の環境などが異なります。また、豪雨や積雪などに備え、適切に対処できる力を育てておくことが大切です。

3．降雪時の歩行
（1）雪道歩行の限界とその考え方

雪道歩行は、環境が一定ではなく、既得の歩行技術を発揮しにくいため、下記①②のいずれかを考えるのが基本です。

①家族、友人、知人、ボランティア等によるガイド歩行
②必要に応じて援助依頼を中心としたひとり歩き

①はルート上のすべてをガイド歩行で移動することであり、これが安全を確保する第1の手段です。②は降雪による環境変化を想定しながら、必要に応じて援助依頼を中心としたひとり歩きによって目的地まで移動することです。

（2）雪道歩行の指導の留意点

①白杖には圧雪、凍結路面を想定したアタッチメントを装着、スライド法による雪壁の伝い歩きを中心にする。
②未降雪期に獲得した距離感や共通のランドマーク（Q34参照）などを可能な限り活用しながら、基本的に雪壁をガイドラインとした伝い歩きを使用して、現地ファミリアリゼーション（Q14参照）を実施しながら指導を進める。
③降雪期間の環境の理解と同時に、降雪期間は安全性が著しく低下することを理解させる。
④移動手段の選択については、情報の利用を繰り返し行い、援助依頼を含めた的確な移動手段の選択・決定を促す。あわせて服装や靴など低温・凍結路面対策を考える。
⑤天候急変時対応として、安全確保の方法（援助依頼・携帯電話の活用など）を身に付けさせる。

降雪時など気象条件によっては、基礎的な歩行技術だけでは安全を確保できない場合があり、社会の理解と環境整備が「安全な歩行」のカギを握っています。基礎的な歩行技術の指導で完結するのではなく、気象や道路状況にかかわる情報の入手、状況に応じてひとり歩き・ガイド歩行・公共の交通手段の利用などのうち、いずれかを適切に選択できる力を、確実に身に付けることができるようにしましょう。

◆**雪は音を吸収する？**
　路面の積雪状況に加え、降雪、雪壁による消音効果があります。一般的に未降雪の状態より音源が小さく感じられ、車や横断する道路の発見が遅れることがあります。右記3(2)②等、必要な対策を講じます。

◆**防寒と安全性の両立を！**
【服装】雪壁ができ、雪により白杖が目立たなくなります。運転手から発見されやすい目立つ服装を心掛けます。
【帽子】毛糸の帽子、フードや耳当ては防寒には効果がありますが、環境音が聞き取れるよう、常に外せる状態にするか、耳を遮らない防水タイプの帽子を選びます。
【手袋】白杖から伝わる感覚が分かるように、薄くて防寒性のあるものがよいでしょう。
【靴】靴底に滑り止めがついていたり、着脱可能で収納可能なものもあります。

◆**アタッチメント**

【白杖】チップが雪に刺さるのを防ぐアタッチメント。
【靴】滑り止めスパイクつきの靴。

36 歩行におけるICT機器の活用について教えてください。

● ICT機器の活用と実際

スマートフォンに内蔵されている各種機能の性能向上は日進月歩であると言えます。特に、GPS機能やボイスオーバーなどの音声読み上げ機能の向上により、スマートフォンが視覚障害者の歩行にも役立つのではないかと思われます。

歩行ナビは、視覚障害者が未知な場所を単独で歩くときに有効な場合もありますが、その限界も知っておかなければなりません。もちろん、交差点の発見をしたり、広い交差点を直進したり、点状ブロックと線状ブロックを区別したりなど、基本的な歩行能力は必須です。また、地域の道路の形状を理解していないと歩けない場合もあります。地方と都市部の歩道では幅が大きく違いますし、都市部では歩道の中に隔切りがあるような場所もあります。このような知識がないと、直進歩行が難しくなり、目的地にスムーズに行けなくなってしまうこともあります。

一方、利用者が歩行ナビの特性を知っている必要もあります。例えばNAVITIMEは「間もなく・・・の交差点を左折します」などと音声案内がありますが、「間もなく」は5～10mぐらいの幅があります。交差点の直前に狭い道路や駐車場があると、それを交差点と間違えてしまう場合もあるそうです。

以上のことから、ICT機器はあくまでも補助的なものであることを理解したうえで、必要に応じて活用することが大切です。また、歩きながらの操作は危険なので絶対に行わないように指導する必要があります。

◆スマートフォンの地図アプリ

既存の地図アプリは、車が中心で歩行者専用ではない場合があるので、注意が必要です。

拡大鏡機能もあるので、弱視の子供にも有効な場合があります。

◆ NAVITIMEの表示例

NAVITIMEを使って社会福祉法人日本盲人会連合の建物から都電荒川線面影橋駅まで歩いたときの歩行ルート

要点 ICT 機器は便利ですが、まずは基本的な歩行技術を身に付けたうえで、必要に応じて活用することが大切です。

◆ウォーキングナビ

NPO 法人「ことばの道案内」が作成したもので、WEB 上で公開されています。主に地図や画像等を理解することが困難な視覚障害者のために、言葉の説明で最寄駅から目的地までの道案内をしてくれます。
(www.walkingnavi.com)

主な音声ナビと特徴　（機種 :iPhone6s ios:9.0.2）

ナビ名	特　徴
ViaOpta Nav(無料)	・最初に歩き出す方向を振動で教えてくれます。（デバイスを持ってぐるっと回るようにという指示があります） ・近くの郵便局や交番、学校などが登録されていますが、数が少ないです。それ以外は住所を入力するようになります。 ・一度行ったことがある場所を登録しておくと、次回行くときに便利です。
NAVITIME (有料)	・ボイスオーバーがオフでも音声案内をしてくれますが、これだけでは最初にどちらの方へ行ったらよいかわかりません。 ・交差点で曲がる場合、手前 50 ｍと 5 ｍあたりでどちらに曲がるか案内してくれますが、狭いクランクの道路では直線と判断してしまう場合もあります。 ・坂道の上り下りを音声で知らせてくれるので進行方向が正しいかどうかわかる場合があります。
Google maps （無料）	・ボイスオーバーがオフでも目的地の方向を最初に案内してくれます。「てくてくナビ」等別のアプリを使い、その方向を定位する必要があります。 ・交差点では「20 ｍ右折調整可能」等と案内してくれるので、曲がる位置がわかります。バージョン 4.13.71826 では、目的地に着くと「到着しました。お疲れさまでした。」と案内されるようになりました。
地図アプリ （有料）	・ボイスオーバーに対応していますが、画面のすべては読み上げてくれません。交差点手前 15 ｍぐらいで案内してくれます。 ・同じ道を歩いても NAVITIME は「突きあたりを左」という案内ですが、地図アプリは「斜め左」になります。 ・目的地のずれはほとんどなく、コースを外れると 40 ｍぐらいで再検索してくれるので間違いに気がつきます。

第Ⅱ部　第 7 章　白杖を用いた屋外での指導

第8章

交通機関等の利用

Q37　バスの利用に当たっての指導について教えてください。
Q38　乗用車やタクシーの乗降に当たっての指導について教えてください。
Q39　電車の利用に当たっての指導について教えてください。
Q40　電車の利用に当たって、プラットホームの構造等に関する指導について教えてください。
Q41　電車の乗降に当たっての指導について教えてください。
Q42　エレベーターやエスカレーターの利用に当たっての指導について教えてください。
Q43　道に迷ったときなど、援助依頼をする際の留意点を教えてください。

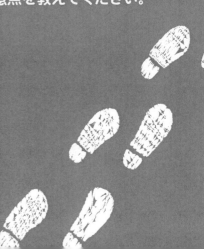

37 バスの利用に当たっての指導について教えてください。

　バスの利用に当たっての指導のポイントは、大きく次の３点に分けることができます。

1．バスの構造やバス停についての理解

　まずは、バスについて知ることが大切です。最初は、バスの車体やタイヤの大きさ、ドアの位置など基本的な内容がよいでしょう。その後、バスの床構造には、「標準床」（ツーステップ）と「低床」（ノンステップやワンステップ）があること、エアサスペンションによって乗降時に車高が下がるバスがあること、入口付近にインターホンがあり運転手と話ができるバスもあることなども知らせていきます。

　また、スクールバスを触ったり、バス会社を見学したりするなど、実際の車体を利用して構造を理解できるようにすることが大切です。バス会社との連携は、バスを利用する視覚障害者がいるという注意喚起と啓発にもつながります。

　バス停については、実際に利用するバス停を現地でファミリアリゼーション（Q14参照）し、バス停のポールやベンチの有無など、ランドマーク（Q34参照）となりうるものを確認しておくとよいでしょう。駅のバスターミナルなどでは、複数の乗り場が存在するため、乗車と降車の位置やそのルートについても丁寧に確認することが重要です。

2．バスの乗降の方法

　①まず、エンジン音や、バスのアナウンスによってバスの入口に近づきます。このとき、白杖はスライドさせて前方のバスを察知できるようにします。白杖でバスの車体を察知した後、手で車体に触れてから入口を発見し、乗車します。入口は、ドアが開く音でおおよその位置を把握できるようにしましょう。乗り込む際は、階段乗降の方法で白杖を利用して安全に乗り込みます。

　②車内を移動する際は、手すりを利用します。天井部に進行方向に対して前後する手すりが利用できればよいですが、子供にとっては高い位置にあるので、垂直に立っている手すりや座席についている手すりを利用することが多いと思います。バスが止まったら白杖の防御の姿勢で移動し、手すりは補助的なものと考えてもよいでしょう。安全性を最優先したうえで、子供のやりや

ノンステップバス

ツーステップバス

> **要点** 安全にバスを利用できるように、バスの構造やバス停の理解、バス乗降などポイントをおさえつつ、様々な状況を想定しておくことが大切です。

すい方法を考えましょう。

③降車に関しては、降車を知らせるボタンを押す必要があるので、あらかじめその位置を確認する必要があります。必要に応じて援助依頼することも大切です。料金の支払いについては、バス会社や各自治体によって異なりますので、事前に調べておきましょう。定期券や福祉乗車証などがある場合は、定期入れをランドセルやカバンにつけておくと取り出しやすいです。回数券やチケットを利用する場合も、乗車前にすぐに取り出せるように準備をしておくことが大切です。また、降車直後の安全確保も大切です。利用者が多い場合は速やかに歩道に上がり、安全な位置まで移動しましょう。降車して壁側まで進むのか、ランドマークを探すのか、降車した場所のファミリアリゼーションも必須です。

3．援助依頼の方法とタイミング

安全にバスを利用するためには、援助依頼が欠かせません。援助が必要になる場面について子供と考えてみましょう。

「空席を確認したい場合」「停留所で複数の路線がある場合に、自分の乗るべきバスがわからなくなってしまった場合」「バスターミナル等で降車位置が通常と変わってしまった場合」「予定時刻になってもバスが来ない場合」などが考えられます。また、同乗者ではなく運転手に尋ねることで、より安全に対処できる場合もあるので、安全性や確実性の観点からも検討が必要です。指導に当たって、援助依頼の場面を事前にロールプレイするなどして、どのように依頼したらよいのかを考えることが有効です。

また、援助依頼に際しては、必要に応じて、ガイドをお願いする場合もあります。適切なガイド歩行の方法でお願いをするようにできるとよいでしょう。また、はっきりと相手に伝わるように「ありがとうございます。」と言えることも大切な力です。

＜指導上の留意点＞

なにより安全の確保が最優先です。実際に指導者とバス乗降を練習する中で、想定しうる状況を考え、対処する力をつけることが大切です。通学で利用する場合には、実際の通学時間帯にバスを利用し、混雑具合や危険回避のためのポイントを確認しましょう。特に降車時の安全確保が重要になります。

38 乗用車やタクシーの乗降に当たっての指導について教えてください。

乗用車もタクシーも必ず運転手がいますので、運転手に誘導してもらうことが可能ですが、ここでは単独で乗降する場合を中心に解説します。

1．乗用車の場合
（1）ドアを開ける

運転手がドアの取っ手の位置を教えてくれるか、ドアを開けてくれるのを待つのがよいでしょう。自分からドアを探す行為は、白杖やカバンなどが車のボディに当たって、車を傷つけてしまう恐れがあります。運転手の誘導によってドアが確認できたらドアを開けます。

ドアを開ける際には、駐車されている状況を確認して、壁などが近くではないか、大きく開けてもぶつからないかなどに注意を払います。また、スライド式の自動ドアなどドアの開き方は車種によって様々ですので、運転手の指示を待つか、開けてもらった方が賢明な場合もあります。運転手との関係にもよりますので状況判断が必要です。白杖はドアの位置がわかったところで、折りたたんでおくと、あやまって車に当ててしまうことがないので安心です。

（2）乗降する

自分でドアを開けた場合は、もう一方の手で車の屋根の部分に軽く手を触れます（次頁の写真参照）。天井の高さを確認し、頭をぶつけないように気をつけながら、車の側面に背を向けるような格好でお尻から着席します。その後、体を前向きに90度回転させるようにして足を車内に入れます。ワンボックス車のような天井が高く、座席も高い車の場合は、乗車の際につかまる取っ手がついていますので、そこを持たせてもらうようにすると乗車がスムーズです。ステップが何段あるかなども教えてもらうようにしましょう。

ドアを開けてもらった場合は、天井の高さなどが確認できる箇所を触らせてもらい、あとは上記のような方法で乗り込みます。降車後、目的地まで単独で行動する場合は、その先の行動が安全にできるように必要な情報を得たり、援助を依頼したりすることが必要です。運転手も一緒に降りる場合は、運転手の誘導に従う

◆タクシー運賃の割引

身体障害者手帳所持者および療育手帳所持者が一人で、または介護人と一緒に乗車した区間の運賃についてタクシーメーターの表示額の1割が割引されます。乗車（降車）の際、運転手に身体障害者手帳または療育手帳を提示してください。

また、身体障害者手帳、療育手帳、精神障害者保健福祉手帳を取得している人に対して、タクシー券を支給する制度があります。自治体によって支給の仕方などが異なりますので、居住する自治体に問い合わせてください。

◆タクシー会社の事前登録

ほとんどのタクシー会社に事前登録制度があります。登録しておけば、毎回自宅住所を説明する必要がなくなりますので、タクシーを利用することが多い人は登録しておいてもよいでしょう。

> **要点** 乗用車もタクシーも運転手がいるので、基本的にはガイド歩行における方法と同じです。家庭の自家用車で練習するなど、家庭との連携も大切です。

◆**タクシー乗り場への行き方**

たいていの駅には、タクシー乗り場があります。駅からタクシーを使うことが事前にわかっている場合、タクシー乗り場が駅のどの辺にあるのかを調べておくと援助依頼をする際にも口頭で説明できるので安心です。

ようにします。スーパーの駐車場のような場所では、他の車の出入りもありますので不用意に動かないほうが安全です。

日常的に使用頻度の高い自動車については、適切な時期に自動車の大きさ、形状、屋根、ドア、タイヤなどの名称や位置などについて説明したり、実際に着席してシートベルトを着用したりして知識を得ておくことが望ましく、可能であれば多くの車で経験できるとよいでしょう。自家用車がある家庭の場合は、自宅でも練習してもらうとよいでしょう。

2．タクシーの場合

タクシーは、多くの場合運転手が後部座席のドアを開けてドアまで誘導してくれますので、運転手の誘導に従って乗車します。行先を正しく伝えることができないと目的地に到着できません。施設名を伝えるだけで大丈夫な場合がほとんどですが、個人宅などの場合は、住所や道順なども伝えられるように準備しておくことが大切です。地図を印刷しておいてもよいでしょう。

タクシーを降りる際は、運転手に歩道など安全な場所まで誘導してもらうように依頼し、どちらを向いて立っているか、建物の入口はどこかなど、この先の行動につながる情報を得ます。目的地の前でタクシーを降りたものの、入口がわからず途方に暮れたなどという話もあります。必要なことを聞いたり、援助を依頼したりする力を身に付けておくことが大切です。

Q39 電車の利用に当たっての指導について教えてください。

電車の利用に当たっての指導は、電車乗降の技術のみならず、駅を効率的に利用することを念頭に入れて指導をしていく必要があります。駅全体の構造理解や駅構内の移動に欠かせない点字ブロック、および施設・設備の利用方法など、様々な項目がありますので段階的に指導していきます。

1．駅の構造理解（Q40参照）

駅は、地下鉄のみの地下駅、ＪＲや私鉄等の地上駅かによって、構造は大きく異なります。子供によって駅に対する知識やイメージは異なっているので、これから利用する駅の他に、どのような駅があるか、どのような特徴があるかということにも触れておきます。

駅には視覚障害者用の触地図が設置されている場合も多く、現地にて触地図を触り、全体的な駅の形や出口の位置と数などを確認することができます。必要に応じて、模型や触地図（Q15参照）を作成し活用したり、口頭で説明したりして、駅全体の形を把握できるようにしていきます。駅の出口については、周辺道路や建物との位置関係を理解できるようにすることも重要です。学校や自宅など基点となる場所から、駅までのルートを習得したら、そのルートに対する駅の構造や位置関係を理解することで、メンタルマップ（Q15参照）を広げていきます。また、駅は出口、改札、ホームがそれぞれ違う階（高さ）にある場合が多いので、周辺の道路と合わせて上下の位置関係を考え、理解できるようにしていきます。

2．駅構内の歩行と点字ブロックの利用（Q56参照）

駅構内の歩行には、点字ブロックの利用は欠かせません。バリアフリー新法により、駅や公共施設には点字ブロックが設置されています。駅は基本的に必要な場所に点字ブロックが設置されているので、安全に効率的な移動ができるよう、点字ブロックの利用方法や注意点を指導していきます。特に、駅構内は、朝夕など通行者が多い場所であることや、周囲の環境に応じた点字ブロックの利用方法を指導することが重要です。

なお、点字ブロックは他の駅利用者の流れと交錯するように設

◆視覚障害者誘導用ブロック

通称は点字ブロックとして広く社会に認知されています。

突起の形により、進行方向を示す「誘導ブロック」（形状から「線状ブロック」ともいう）と、危険箇所や誘導対象施設等の位置を示す「警告ブロック」（形状から「点状ブロック」ともいう」の2種類があります。（Q56参照）

誘導ブロック
（線状ブロック）

警告ブロック
（点状ブロック）

> **要点** 駅の構造や施設・設備の利用方法などを含め、将来的に交通機関を安全に利用できるための知識や技術を指導しましょう。

◆**高齢者、障害者等の移動等の円滑化の促進に関する法律（バリアフリー新法）**

ハートビル法と交通バリアフリー法を統合・拡充した「高齢者、障害者等の移動等の円滑化の促進に関する法律（新バリアフリー法）」が2006年に制定されました。高齢者、障害者、妊婦、けが人などの移動や施設利用の利便性や安全性の向上を促進するために、公共交通機関、建築物、公共施設のバリアフリー化を推進するとともに、駅を中心とした地区や高齢者、障害者などが利用する施設が集まった地区において、重点的かつ一体的なバリアフリー化を推進しようとする法律です。

駅においては、出口から改札、ホーム行きの階段をつなぐ経路に盲導鈴と点字ブロックを設置し、視覚障害者の安全な移動を支援しています。

駅出口に設置されている盲導鈴

置されていることも多いため、点字ブロックの分岐に沿って進行方向を変えるときは、白杖を体に引き寄せてゆっくり動くというようなことを含め、安全でスムーズな移動をするための技術を指導していきます。

また、混雑時には速度を落として歩行することを指導します。歩速が速くなりがちな子供には、ゆっくり歩行することで他の歩行者との接触を回避し、スムーズに歩行ができることを意識づけすることが大切です（Q33参照）。

3．駅構内にある施設・設備

点字ブロックと同様バリアフリー新法により、駅の出口、改札、階段などは盲導鈴が設置されるようになりました。周囲の環境によっては聞こえにくい場合もありますので、手掛かりとして活用できるかを確認しましょう。

また、券売機の利用についても指導する必要があります。最近はICカードを使う人も多いので、券売機でのチャージ方法についても説明します。同時に鉄道運賃の割引や、券売機近くにある料金表の見方についても説明し、他の駅においても必要なときには利用できるように応用力をつけていきます。

通常利用する駅においては、駅員と直接話ができる有人改札や窓口、トイレや売店などがどこにあるかについても説明し、必要に応じて対応できるようにしておきます。

4．応用的な歩行に向けて

駅の全体像を把握することによって、様々な歩行の場面を想定することができるようになると自信もつき、歩行範囲は格段に広がっていきます。

複数の路線や各種交通機関が集まるターミナル駅は、規模も大きく、複雑な構造をしていますが、出口やコンコースを整理して確認することで、全体像がとらえやすくなります。将来的には通常自分が利用する駅だけでなく、東京駅のようなターミナル駅を効率的に利用できるように、基礎的な知識と技術を培っていくことが大切です。

40 電車の利用に当たって、プラットホームの構造等に関する指導について教えてください。

駅のプラットホーム（以下、ホームとする）の構造の理解に当たって、まず、ホームがどのような形をしているのか、またホーム上はどのような環境なのかを指導する必要があります。

1．ホームの形状

ホームといってもその形状は様々で、普段利用する最寄りの駅のホームと目的地の駅のホームでは形が異なることが多くあります。日本の駅にある主なホームの形状について説明します。

（1）単式ホーム（片面ホーム）

ホームの片面のみが線路と接している構造のホームです。

（2）相対式（対向式）ホーム

相対式とは、単式ホームを2つ向かい合わせにしたものです。利用者はそれぞれのホームを利用します。1番線から2番線に移動する際には、高架橋や地下通路を使いますが、改札外で移動する場合もあります。

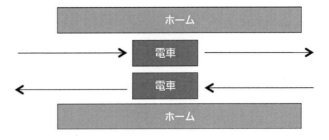

（3）島式ホーム

ホームの両側が線路に接しているホームです。1つのホームに対して、2つの路線が行き来します。

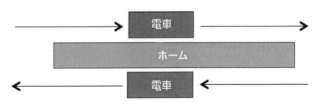

点字ブロックを利用して
ホームを移動
（JR山手線・京浜東北線田町駅）

> **要点** ホームの形状や環境を理解することが大切です。転落事故等が起きないように、十分に指導してメンタルマップが作れているか確認しましょう。

櫛形ホーム
（西武池袋線池袋駅）

電車と駅のホームの高さの比較
（JR 東海道線平塚駅）

◆**視覚障害者の駅プラットホームからの転落事例データベース**

　成蹊大学理工学部　大倉元宏教授が中心となり、視覚障害者の駅プラットホームからの転落事例データベースを公開しています。このデータベースの主たるねらいは、晴眼者に転落の実態を広く周知することで、駅プラットホームにおける視覚障害者の見守りを促進することにあります。
(http://omresearch.jp/fall/browse/)

（4）櫛形（ターミナル型）ホーム

　櫛形ホームは、始発駅もしくは終着駅に多くあります。複数の路線がこのホームから出発して、戻ってくるというイメージです。大都市のターミナルでよく見られます。

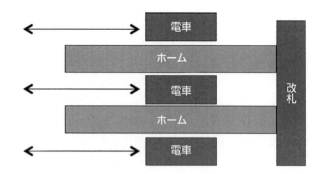

2．ホーム上の環境を理解する

　ホームの形状を理解できたら、次にホームの長さや幅を知る必要があります。ホームがどれほど長く続いているのか、真っ直ぐ延びているか、幅はどのくらいかなど、実際にホームを歩いて確認してみましょう。次に、改札とホームの位置関係やルートについて取り上げます。改札とホームが違う階にある場合には、どの階段やエスカレータを利用してホームに行けばよいのかを指導します。また、ほとんどの場合、ホームには点字ブロックが敷設されていますので、どの点字ブロックを利用すると安全であるかを教えます。なお、点字ブロックがないホームの場合は、手掛かりとなるものを複数確認しておく必要があります。

　視覚障害者が単独で電車を利用する際、特に気をつけなければならないのは、ホーム上の移動です。最近ではホームドアが設置されている駅が増えてきましたが、環境やルートをしっかりと指導しておかないと、ホームから転落する事故につながります。確実に環境が理解できるまで、繰り返し指導してメンタルマップ（Q15 参照）が正しく作れているかどうか、子供とのコミュニケーションを通して一つ一つ確認することが大切です。

Q41 電車の乗降に当たっての指導について教えてください。

プラットホーム(以下、ホーム)の構造を確認した後は、いよいよ電車乗降の指導になります。

なによりも安全を最優先させたうえで、効率よく電車の乗り降りができることがポイントになります。ここでは、「電車に乗る前の確認事項」と「電車乗降の方法」の2つに分けて解説します。

1．電車に乗る前の確認事項

以下の手順で一つ一つ確認していきましょう。

(1) 番線と行先の確認。何番線のどこ行きの電車に乗るのか
(例：1番線　東京メトロ有楽町線、新木場方面、有楽町駅下車)

1つの駅に複数路線が乗り入れしている場合があります。そこで、何番線の電車を利用するのか、その電車がどの方面に向かうのかを確認する必要があります。また、その電車がある駅を過ぎた後に、複数の路線に枝分かれする場合もあるので、降車駅とともに、どの方面に向かう電車で、終着駅がどの電車に乗るとよいのかを確認しておきましょう。

(2) 乗車位置の確認。どのあたりで乗車するのか、何号車・何番ドアから乗るのか（例：10号車3番ドア）

乗車駅のホームで一番安全な場所で乗車することがよい場合、また、降車駅での移動の安全性・効率性を考慮して、乗車駅の乗車位置を決める場合があります。両方の駅の構造や状況をよく検討し、安全を最優先して乗車位置を考えることが大切です。

(3) ホームドアの有無の確認

最近、ホームドアが設置されている駅が多くなってきました。ホームドア付近には点字で「行先、何号車・何番ドア、進行方向」などが書かれていますので、子供に確認させましょう。また、ホームドアがどのタイミングでどのように開くのか、電車のドアとホームドアとの位置関係などを確認しておきましょう。

(4) 進行方向の確認

乗車位置が確認できたら、乗車側のドア向かって右の方向に進むのか、左の方向に進むのかを確認する必要があります。

乗車後に思っている方向と違う方向に電車が進んだ場合には、逆方面の電車に乗っている可能性もあるので、注意する必要があ

ホームドアが設置された駅
(福岡市地下鉄空港線天神駅)

ホームドアが設置されていない駅（JR山手線新橋駅）

> **要点** 乗降前にホームで乗車位置や行先等を確認しましょう。乗降の際は、安全を最優先させたうえで、効率よく乗降できることが大切です。

ります。

2．電車乗降の方法（単独で乗降する場合）

電車の乗降は、以下の手順で指導していくことが望ましいです。最初は、始発駅など長い時間停車している電車を利用して練習するとよいでしょう。

以下の方法は、右手に白杖を持っている場合です。左手で白杖を持っている場合には、手順が異なることがあります。

① ドアが開いてからスライド法で電車に近づきます。前に人が並んでいることもありますので、自分の白杖や体が周囲の人に当たらないように気をつけながら、ゆっくり前に進みます。

② ホームの端を発見したら、チップを上げて電車の車体に当てます。

③ ドア付近であればドアを確認します。前方にドアがない場合には、右を向き、左手は車体を手による伝い歩きをして、ドアを発見します。

④ 車体を伝っている左手で空間を発見できたら、白杖を車内に入れてみて、電車の床があるかどうかを確認します。床が確認できない場合は、車両の連結部分、電車の先頭もしくは最後尾の場合がありますので、必ず確認しなければなりません。

⑤ 電車の車体とホームとの間の溝を白杖で確認し、車内の床の着地点を十分に確認してから乗車します。

⑥ 乗車後は、乗車したドアとの位置を考えながら、迷わないところに立ちます。混雑していない場合には、座席への移動、もしくはまわりの方に誘導してもらうなどして着席します。

⑦ 降車時は、ドアが開いたら白杖でドアとホームの溝やホーム（着地点）を確認して降車します。

⑧ 降車後は、安全が確保できる場所に移動します。安全が確認できた時点で、改札等へ移動します。

電車乗降は応用的な歩行になります。十分に時間をかけて安全を最優先し、効率よく乗降する練習が大切です。

チップを電車の車体に当て、左手で伝い歩き

乗降車の位置を確認する。ホームと電車の車体との間の溝に気をつける。
（東京メトロ有楽町線護国寺駅）

エレベーターやエスカレーターの利用に当たっての指導について教えてください。

エレベーターやエスカレーターは、駅、デパート、マンション等様々なところに設置され、利用する機会の多い移動設備です。電車やバス等の交通機関同様、安全に利用できるよう指導しておく必要があります。

通学で利用する駅や自宅のマンション等、日常的に利用する場合は、まずガイド歩行により、その位置や構造、エレベーターではボタンの配置などファミリアリゼーション（Q14参照）を十分に行います。その後、単独で利用する指導に移行し、安全に乗降できるまで繰り返し指導します。

また緊急時に備え、援助依頼やエレベーター内ではビルの管理人室や警備室と連絡できる「通話装置（インターホン）」、エスカレーターでは「非常停止ボタン」の位置の確認・使用方法を伝えておくことも必要です。また、点検等で使用できない場合もあるので、代替の階段の位置や昇降についても指導しておきましょう。

子供によっては、駅ではエレベーターやエスカレーターは使わず、階段を利用するかもしれません。しかし、駅のホーム等で声をかけてくれた人が、エレベーターやエスカレーターを使い、改札口までガイドしてくれる場合もあるので、それらの利用方法も知っておく必要があります。

あまり利用しない駅、複雑なターミナル駅等のエレベーターやエスカレーターは事故防止、効率性のためにも、駅員等に援助依頼をして、ガイドしてもらうとよいでしょう。

1．エレベーターの利用

①エレベーターの前に来たら、上りか下りのボタンを押し、降りる人のことも考え、入口をあけるように横に移動して白杖を立てて待ちます。
②エレベーターが開く音を確認したら、その方向を向き、乗っている人やまわりの人に上りか、下りかを確認し、乗ります。
③自分で行き先階のボタンを押します。
④目的の階に着いたら、「ここは○階ですね。」などとまわりの人に確認して降ります。

2方向出入口式のエレベーター

◆エレベーターと視覚障害者*

エレベーターは安全な乗り物ですが、視覚障害者が単独で利用する場合、以下の点が課題になります。
・不便な場所に設置されていることが多く、待ち時間が長い。
・ボタンを探して押すことが困難。
・ドアの開閉が分からないことがある。
・緊急時の対応が困難である。
・混雑時にドアに挟まる危険性がある。
・一人で乗っているときに、停止すると不安。
・方向感覚がつかめない。
・降りたとき、目的階でない場所に出ることがある。

また、エレベーター内で犯罪に巻き込まれる可能性もあります。しかし、自宅のマンション等どうしても単独で利用しなければならない場合もあるでしょう。その際は家の人に乗ることを連絡し、場合によっては一緒に乗るなどの工夫が必要です。

*公益財団法人交通エコロジー・モビリティ財団「視覚障害者のエスカレーターに関する調査研究報告書」（平成26年3月参照）

> **要点** エレベーターやエスカレーターの利用頻度により、指導内容が異なります。単独でも援助依頼によるガイドでも自信をもって安全に乗降できるようにしましょう。

◆**エスカレーターと視覚障害者**

エレベーターよりもエスカレーターの方が利便性は高く、身体的な負担が少ない、早く移動することができる、方向感覚がつかみやすい、乗った後はスピードが一定なため安全である等の理由で利用している視覚障害者は多いです。しかし、誤進入をして転倒した、探すのが困難ということから利用したくないという人もいます。

◆**エスカレーター利用の一連の動作と想定される危険**[*]

以下のような危険を避けるための指導も必要です。
①位置の把握：エスカレーターがどこにあるのか、わからない。
②乗る直前の危険：上り下りがわからない。誤進入の危険がある。
③乗るときの危険：乗るときにつまずく。
④乗っているときの危険：横を駆け上がる（下りる）人にぶつかる。
⑤降りるときの危険：服等が引き込まれる。
⑥降りた直後の危険：滞留して動けず、人にぶつかり転倒する。
⑦行き先の把握：降りた後にどこへ向かえばよいか、わからない。

2．エスカレーターの利用
（1）ガイド歩行
①エスカレーターに近づき、エスカレーターに乗ること、上りか、下りかを伝えます。
②ガイド者が先にエスカレーターに乗り、手すりを持たせ、子供が続けて乗ります。その際、子供は一段後に位置します。
③子供は、段の継ぎ目であれば足の位置を変えて調整します。その際、ガイド者が声を掛けるとよいです。
④ガイド者が降りた後、子供が続けて降ります。

（2）単独の場合
＜上り＞

①音声案内やモーター音、人の流れ等を利用し、スライド法でエスカレーターの乗降板を見つけます。
②白杖を持っていない方の手でベルトを見つけ、その動きや音声案内により、上りであることを再確認します。
③ベルトに触れ、白杖を一段上に置きます。
④ベルトや白杖で終わりが近いことを知り、白杖で前方の安全を確認して降ります。

＜下り＞

①音声案内やモーター音、人の流れ等を利用し、白杖でエスカレーターの乗降板を見つけます。
②白杖を持っていない方の手でベルトを見つけ、その動きや案内放送により、下りであることを再確認します。
③ベルトに触れ、白杖を一段下に置きます。
④ベルトや白杖で終わりが近いことを知り、白杖で前方の安全を確認して降ります。

＜指導の際の留意点＞

この際、指導者は階段昇降の指導と同様、転落防止のため子供の1、2段下に位置します。

道に迷ったときなど、援助依頼をする際の留意点を教えてください。

1．援助依頼の意義

道に迷ったときや、はじめての場所を歩くとき、危険だと思ったときなど、安全を確保するために、無理な行動をせず、他者にたずねたり、ガイド歩行を受けたりすることが大切です。必要に応じて、他者に援助を依頼できるようにしましょう。他者に援助を依頼して歩行することは、その人の歩行範囲を広げ、歩行能力を高めることにつながります。

2．援助依頼の内容

「情報を得ること」と「ガイド歩行を受けること」の2つがあります。情報を得るのは、歩行中に得る場合と、歩行前に目的地へ行くための交通手段、目的地の歩行環境などを他者（電話やパソコン等も含む）に聞いておくことも含まれます。

ガイド歩行を受けるのは、目的地まで受ける場合と、目的地に近づくために、自分がよく知っている場所まで受ける場合などがあります。

3．依頼のために言葉かけをする際の留意点

援助してくれそうな人を見つけ、能率的に依頼をするために、次のような方法があります。内容に応じて使い分けましょう。

・足音や話し声等を手掛かりにしてタイミングよく依頼する。
・電車内、券売機など相手が静止しているときに依頼する。
・駅員、職員等関係者に依頼する。
・デパート、ショッピング街などではインフォメーションコーナー（案内所）を利用する。

また、依頼をするときには、必要な社会性を身に付けておくことも求められます。

4．援助者との対応における留意点

援助してほしいことを明確に相手に伝えることが大切です。自分ができることと援助してほしいことを正確に伝えたり、不必要な援助の申し出に対しては、マナーに留意して断ったりできるように指導します。また、援助が有効に行われるよう、必要に応じて援助者を誘導することも必要です。

◆電話で援助依頼するときは

自分が視覚障害者であることを相手に伝えると、必要な情報が得やすい場合があります。

◆社会性

ここでいう「社会性」とは、表情、マナー・身振り、服装・身のこなし方や常識といわれる社会的な諸知識です。

> **要点** 援助してほしいことを相手に明確に伝えることや、必要な情報を得たり、安全にガイドを受けたりできるよう相手を誘導することが大切です。

（1）効率的な援助依頼

能率的な援助依頼をするためには、場所に応じてその直前の目的地をたずねる方法があります。盲学校から、最寄りのA駅を経由してB駅近くのショッピング街にある店に行く場合、次のようにたずねる内容をかえていきます。

①盲学校を出たところでA駅への行き方をたずねる（ここで店の場所をたずねても知らない人が多い）。
②A駅でB駅の行き方をたずねる。
③B駅でショッピング街の行き方をたずねる。
④ショッピング街に着いたところで、店の行き方をたずねる。

（2）援助者の誘導

依頼した相手がたずねた行先を知らない場合は、相手を誘導することが必要な場合もあります。そのためには、事前に電話やパソコンなどで目的地までの道順やどのような交通機関を利用するかなどを調べておき、目的地までの歩行ルートを口頭で説明できるようにしておくことも大切です。

ガイド歩行を受ける際、背中を押されたり、白杖を引っ張ったりされた場合は、適切なガイドの方法を口頭で説明するようにします。また、援助者が道を間違えることも考えられるので、相手の身体の動きに注意し、現在どの方向・方角に向かっているのかを考えながら歩くように普段から指導しておくことも大切です。

◆「あっち、こっち」という説明を受けた場合
　視覚障害者自身が方向や方角を指差すなどして確認します。

◆視覚的ランドマークの活用
　道をたずねたり、援助者を誘導したりするときは「○○銀行の角を曲がりたいのです。」「○○店の向かいの家に行きたいのですが。」と言えるように、援助者が分かりやすい視覚的ランドマークを知っておくことも有効です。

道に迷いやすい例

Column 8

指導時のヒヤリ・ハット

　卒業した生徒の大学までの通学路を指導したときのことです。駅のホームで電車を待っていたところ、まだ電車が到着していないのに、その生徒がホームの縁に向かって歩き出してしまいました。「対面式のホームでは、反対側に到着した電車を自分の側のホームと間違えることがある」とは知っていましたが、卒業して指導のまとめの段階になって、このようなことがあるとは。即座に止めることができたので事故にはなりませんでしたが、手の届かない位置にいたらと思うとゾッとします。

　また、こんなこともありました。通学時の指導で、ルートを覚え、決まったとおりに歩けるようになった（と思っていた）中学生の見守りを遠くでしていたときのことです。目的地の駅で電車から降りるとき、電車とホームとの間に片足を落としてしまったのです。私は、離れたところに位置していたため助けられませんでしたが、そばにいた乗客がすぐに助けてくれたので、大事には至らなかったことが幸いでした。本人はさぞ怖い思いをしたことでしょう。ルート選定に当たっては、なるべく安全でわかりやすいところを選んだつもりでしたが、小柄な生徒には電車とホームの間が広かったのです。白杖操作、足の出し方をもっと練習しておけばよかったという反省が残りました。

　どちらも自分の指導の甘さを痛感した出来事でした。命にかかわる重要な指導であることを忘れずに、これからも常に真剣に取り組んでいこうと思っています。

（盲学校教諭）

Column 9

視覚障害者と腕時計

　数十年前、中学部1年生だったS君の歩行指導のことです。全盲のS君は幼稚部から在籍し、小学部4年から白杖歩行指導を受け、学校近辺や盲学校からバス停までの指導が終了しました。中1から寄宿舎に入り、A市の自宅に帰省する週末にひとり歩きができればいいと、まずB駅までのバス乗降指導が始まりました。

　バスの時刻表を点訳し、次回から時計をしてくるように伝えました。普段腕時計をしていなかったので、「時計はある？」と聞くと「寄宿舎にあります。」との答え。待ち合わせ場所に現れたS君は右手に白杖、何と左手に寄宿舎で使っている目覚まし時計を持っていたのです。「腕時計は？」と聞くと、「持っていない。」とのこと。当時は触読式の腕時計しかありませんでした。

　早速腕時計を購入してもらい、時間を確認し、バスの時刻に合わせ多少余裕を持って学校を出る指導をしました。時計も触り方によっては、針が動いてしまいます。丁寧な触り方、時刻の確認、あと何分ぐらい待ったらバスが来るかなどの指導をしました。その後、高等部専攻科理療科に進学したS君は臨床実習の際も時計を活用し、患者に「按摩をする時間があとどのくらいか」を確認する等使いこなしていました。今は治療院で頑張っています。

　近頃は、スマートフォンや携帯で時刻を確認できるので腕時計はいらないという生徒もいます。しかし、試験中や授業中はスマートフォンも携帯も使用禁止です。また大学に進学、就職したら自分で時刻を確認し行動しなければなりません。盲学校にいるとゆっくり時間が流れ、人数も少ないので「急いで！　授業が始まるよ。」などと先生が指示してくれますが、社会では自分で動くのが常識です。音声時計も便利ですが、周りへの配慮を考えたり、「クロックポジション」で食事の配列などを教えてもらったりする場合も多いので、触読式腕時計の指導も行えるといいですね。

（神奈川県立平塚盲学校教諭　南　真由美）

第9章
自立と社会参加に向けて

Q44　歩行時のマナーとして、どのようなことが大切ですか。
Q45　登下校の歩行指導における留意点を教えてください。
Q46　進学や就職に伴う歩行指導は、どのように進めるとよいでしょうか。
Q47　社会自立につながる歩行の意欲的な態度とは、どのようなものでしょうか。

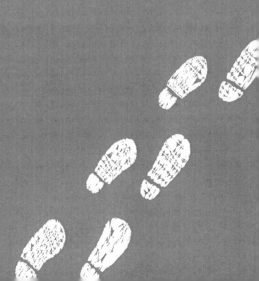

歩行時のマナーとして、どのようなことが大切ですか。

白杖は「視覚障害者のシンボル」としての役割がありますが、そのことを知らない人も多くいます。また、白杖が通行人の足に当たって転倒させてしまうなど、白杖の使い方によっては、周囲の人とトラブルになってしまうことがあります。

そこで、歩行指導は技術に加え、歩行時のマナーも合わせて指導する必要があります。

1．白杖の使い方

（1）ガイドされているとき（Q23参照）

白杖のグリップの下を持ち、地面と垂直に保持し、不必要に前に出したり、振り回したりしないよう注意します。

（2）繁華街や混雑している場所での歩行（Q33参照）

混雑している場所でいつもどおりに歩くと、通行人の足に白杖が当たってしまう危険性があります。そのため、歩行速度を遅くする、白杖はゆっくり振るなど状況に応じた気配りも必要です。歩き慣れている場所、段差や落ち込みのない場所では、白杖をやや短めに立て気味に持つ方法もあります。

白杖が当たってしまったときは、「ごめんなさい。」「すみません。」などと謝ることが、不要なトラブルを防ぐことにつながります。

（3）白杖の置き方

直杖の場合には、置き場所にも気をつけます。室内ではテーブルや椅子に平行あるいは直角に置く、傘立てに入れる、紐付きであればフックにかけるようにします。バスや電車の座席では肩に斜めに立てかけ、チップは前に出ないようにします。

2．バス停や駅のホーム、車内でのマナー

通勤ラッシュ時、バス停や駅のホームは多数の人が並んでおり、列の最後尾に並ぶのは大変です。並んでいる人に最後尾をたずねたり、その場で待ちタイミングを見計らって乗ったりするなど気を配ることが大切です。「お先にどうぞ。」「一緒に乗りましょう。」などと声をかけられたら、感謝のことばを伝えて乗ります。混雑している車内ではリュックサックは前に構え、白杖は折りたたむか、体側につけて持ちます。

◆**白杖使用時の工夫点**

社会福祉法人日本盲人会連合のアンケート調査によれば、白杖使用時に工夫している点（自由記述）で一番多かったのは、「混雑時の白杖の使い方・振り幅を小さく・立てて短く」でした。他の主な工夫として、「折りたたみの杖を使用し適宜たたむ」、「チップを工夫する」、「反射材・蛍光テープを使用」、「鈴をつける」などがありました。

（『視覚障害者の外出時の安全を総合的に保障するシステムを確立するための研究事業一報告書』平成25年12月　社会福祉法人日本盲人会連合発行より）

> **要点** 周囲への気配り、適切な話し方、服装や身だしなみにも気を配ります。また、親切にしてもらったときは感謝の気持ちを伝えることが大切です。

3．適切な話し方

（1）援助依頼をするとき

　初めて行く場所などでは、駅員や通行人にガイドを依頼する機会は多いでしょう。その際、「すみません、ちょっとおたずねしますが○○はどこですか。」「○○に行きたいのですが、手を貸してもらえますか。」などと相手に聞こえる声ではっきりと、相手の方を向いて依頼することが大切です。また、別れる際には「ここが○○ですね。ありがとうございました。」「助かりました。左の階段が○○の入口ですね。」など場所の確認をすることが大切です。また、感謝を忘れず伝えるようにします。

　また、ガイドされる際、腕や白杖を引っ張る、背中を押された場合には、「すみません、肘を持たせてください。」などとまどわずに言い、正しい方法に修正してもらう「ハインズブレイク」の指導も必要です。

（2）援助の申し出を断るとき

　白杖を使って歩いている人に声を掛けることは、とても勇気のいることです。相手の申し出を断る際は、声を掛けてくれたことへの感謝も含めて、「ありがとうございます。ここは慣れているので大丈夫です。」など、丁寧に断ることが大切です。

4．服装・身だしなみ、音声機器の使用

　歩行指導では、歩きやすく諸感覚を活用しやすいという服装の機能面への意識だけではなく、援助を受けやすいという観点で、身だしなみに気を配ります。社会に出るということを踏まえ、援助を受けやすい服装について学習する機会を設けましょう。

　雨天時はレインコートを着たまま電車に乗ったり、建物に入ったりすることのないようにします。また、傘の開閉は周囲に注意して行います。いきなり前に向けて開くと、傘の先が人にぶつかってしまったり、閉じたときボタン留めをしないと、濡れた傘が周囲の人に当たってしまったりすることがあります。

　他にも、音声機器を使用する場合は、マナーとして音量に注意する、イヤホンを使用するなどまわりの迷惑にならないようにします。時間を確かめるときも、音声式ではなく触読式の腕時計を使用する方が好ましい場面があることを伝えましょう。

◆ハインズブレイク
（Hines Break）

　目的は、①適切なガイドの方法などを伝えることによる社会的啓発、②視覚障害者自身の恐怖感・不安感の解消、③見た目の不自然さの解消です。特に社会的啓発が重要で、子供には積極的にハインズブレイクを行うように指導する必要があります。

◆傘の開閉

　雨天時に備え、傘の開閉もスムーズにできるよう指導します。ジャンプ傘、折りたたみ傘など様々なタイプを練習します。一つ一つの動作を確認しながら、確実に行います。

◆腕時計（触読式・音声式）

　盲人用時計は日常生活用具給付制度の対象品のため、1割負担で購入できます。

第Ⅱ部　第9章　自立と社会参加に向けて

登下校の歩行指導における留意点を教えてください。

登下校のひとり歩きは、歩行指導の最終目標となることが多く、学校における歩行指導の集大成的な位置付けでもあります。これまでの指導を生かしつつ、安全で確実な歩行の実践を目指します。

1．保護者との情報共有

指導者は、最も身近な存在である保護者と歩行指導の考え方・内容を共有し、登下校の際にも、同じ観点で取り組んでもらえるようにすることが大切です。その際、どのような知識や技術を獲得できているかを伝えるとともに、本人の歩行時の特徴や癖として留意すべき点なども具体的に伝えるようにします。保護者が授業を見学することは、その一助となります。また、保護者には、実際の登下校において、ガイド歩行から、少し距離を置いた見守り歩行、単独を意識できる距離での歩行へと、少しずつ子供の主体性に比重を移してもらうようにします。

2．ルートの選定

登下校の経路では、本人・保護者の意向を踏まえ、まず指導者が実際に歩いて、危険度の高い場所を把握し、安全確保ができる経路であるかどうかを確認します。たとえ最短距離であっても、確実な手掛かりが少ない、あるいは難しい交差点横断があるような経路ならば、少し遠回りしても歩道橋を選ぶなど、安全を優先させた経路を検討します。

道路や建物の構造上、状況判断がしにくく、他に選択肢がない場合は、想定されるパターン（目的地を通り過ぎた場合、空間内の移動で方向がずれた場合など）と対応方法を指導し、落ち着いて対処できる力を高めるようにします。

また、経路が長く複雑な箇所を含む場合は、区間を分け、難易度の低い場所からひとり歩きに向けて取り組みます。

3．環境改善への働きかけ

子供への直接的な歩行指導だけでなく、点字ブロックの敷設、音響装置付信号機の設置等、安全に歩くうえで環境側の改善が求められる場合があります。保護者等が自治体や警察署などへの環境改善を要望する際、学校は助言するとともに、必要に応じて一緒に取り組むとよいでしょう。迅速な改善は難しいことが多く、

◆登下校の指導に至る過程

屋外での様々な場所を歩く経験を通して、基本的な白杖操作、聴覚・触覚などの活用と環境認知、メンタルマップ（Q15参照）の確立と地図イメージに基づく歩行、道路環境・交通機関に関する知識と安全な利用、援助依頼などが、習得されていることが必要です。

長期的な視点に立ち、小学部低学年からの系統的な歩行指導を展開することが求められます。

> **要点** 保護者と情報を共有して、指導の一貫性を図り、安全を優先させた冷静な判断力と歩行への自信を高めることが大切です。

◆ **単独登下校に関連する指導**
・お金の弁別と管理
・時間の確認と管理
・緊急時の連絡手段と方法
・不審者への対応
・援助依頼

◆ **不測の事態に対応する指導**

様々な場面を想定して、援助依頼を含む解決策を一緒に考える指導の例を以下に示します。

①駅を乗り過ごした場合、どうしますか？

②人身事故で、電車が止まってしまった場合、どうしますか？

③白杖が通行人の足に当たり、強く苦情を言われた場合、どうしますか？

④見知らぬ人から「車で家まで送ってあげるよ」と言われた場合、どうしますか？

粘り強い働きかけが求められます。

また、物理的な環境改善だけでなく、登下校で利用するバス会社や鉄道会社に連絡して、子供がどの時間帯でそれらの交通機関を利用するのかを伝え、運転手や車掌等に安全に留意してもらうように依頼することもできます。

4．実際の指導

技術の向上だけでなく、安全を優先させた冷静な判断と状況把握ができるかどうかが、登下校のひとり歩きを見極めるうえで大切な点になります。それには、経路全体の理解、経路途上で必要とされる手掛かりの活用、地図イメージに基づく確実な歩行、混雑時の対応、援助依頼の仕方、慌てない態度、緊急時の連絡方法などに関する学習が必要になります。

また、授業の時間帯だけでなく、実際の登下校時に取り組むようにします。比較的乗客数の少ない時間帯と、実際の朝夕の時間帯では、緊張の度合い、利用できる手掛かりのタイミングと確実さに違いが生じることがあります。同じ空間、同じ時間帯という本番さながらの想定で繰り返し指導を行い、その結果、本人に自信が生まれ、状況に応じて冷静な対応ができるようになれば、登下校のひとり歩きにつなげていけます。

最終段階では、保護者に歩行場面を実際に見てもらい、保護者に登下校のひとり歩きをするかどうかを判断してもらうようにします。なお、その後も、工事等で経路変更を余儀なくされた場合はもちろん、定期的にフォローアップの指導を行うなど、継続的に安全確保を行っていく必要があります。

5．不審者への対応

街中で出会う人、声をかけてくれる人は、常に親切心から行動しているとは限らないことがあります。しつこい誘い、過度な身体接触などで不安を感じた場合には、親や学校にすぐに連絡するか、身近な人に助けを求めるようにさせます。また、曖昧な返事でなく、相手の誘いを冷静に明確に断れることも大切です。これらは、実際に起こりうる場面として、どのような態度、対応が安全につながるのか、注意喚起と適切な方法を学ぶ機会を意図的に設けることが大切です。

第Ⅱ部 第9章 自立と社会参加に向けて

Q46 進学や就職に伴う歩行指導は、どのように進めるとよいでしょうか。

盲学校を卒業し、新しい社会に出ていくための歩行指導は、歩行指導の集大成であるともいえましょう。

しかし、進学や就職が決まってからの通学・通勤経路の歩行指導は、限られた時間の中で行わなければならないことから、十分な時間が取れない場合があります。できるだけ早くから家庭と連携を図り、余裕をもって取り組むことが大切です。

1．指導を行う前に

はじめに本人の歩行に関する能力を見極める必要があります。白杖の操作、交通機関の利用、援助依頼などがどこまで身に付いているかを確認するとともに、現在のひとり歩きの状況も把握したうえで、指導を進めていきます。十分に身に付いていない場合は、改めて指導する必要があるかもしれません。

本人と話し合って決めた経路でも、指導者の判断で安全が確保できない場合は、より安全な歩行経路を選択できるよう、十分説明するようにしましょう。

また、実際の歩行の様子を保護者にも参観してもらい、学校だけでなく家庭でも練習をしてもらえるよう、連携を図りましょう。

2．指導の順序

まずは自宅から目的地まで（往路）の指導から始めましょう。目的地までの歩行経路をいくつかの段階に分け、一つ一つ段階を達成できるように指導していきます。ここでは、自宅から目的地までバスを使った経路を想定して説明します。①自宅からバス停まで徒歩、②バスの利用、③バスを降車してから目的地までの徒歩と、大きく３つの段階に分けることができます。

基本的に、①から指導を行っていきます（歩行時の状況によって変わります）。また、それぞれの段階をさらに区切って指導していくようにしましょう。①の場合、自宅からバス停までの距離に応じて、途中にあるランドマークとなり得るものを一つの区切りにするとよいでしょう。混乱を避けるためにも、一つ一つの区切りや段階をクリアしてから、次の段階に進むようにしていきます。そして、往路の段階をすべてクリアできたら、復路の指導に進むようにします。

◆**ランドマークの利用**（Q34参照）

歩行経路上で、自分のいる位置を知る目印になるものをさします。例えば、郵便ポスト、電信柱、交差点など、位置が固定されていて、よく知られているものや、その生徒にとってわかりやすいものをランドマークとして利用できます。

> **要点** 進路が決まったら、短期間で集中的に行う必要があります。家庭、進学先や就職先と連携して計画的に指導していきましょう。

3．指導に当たっての留意事項

　指導する時間帯は、実際の通学・通勤の時間に合わせることが望ましいですが、必ずしもその時間にできるとは限りません。そこで、バスを利用する際には、時間帯に応じて、バス停で人の列がどの方向に伸びて、どこに並ぶことになるのか等を確認することが必要です。また、バスの停車位置によって乗降する場所が通常の場所からずれることも想定しておく必要があります。電車を利用する際も、通学・通勤の時間帯の混雑により、駅構内やプラットフォームの点字ブロックを利用できない状況が起こるかもしれません。そのような場合でも、落ち着いて対応できるように、様々な状況を事前に想定しておくことが大切です。その際、すべてを想定することは難しいので、安全性にかかわることから優先して指導していきましょう。

4．福祉サービスの利用

　卒業後の生活を想定し、福祉サービスの利用についても考えておくとよいでしょう。歩行経路を変更する場合などは、福祉サービスを利用した歩行訓練を受けることができます。福祉サービスは、自分から申し出をしないと受けられないことが多いので、居住地の自治体でどのような福祉サービスが受けられるのかを知っておくことが大切です。

5．進学先・就職先との連携

　家庭との連携に加え、進学先・就職先との連携も重要になります。通学・通勤の様子を知ってもらうことが、視覚障害に対する理解啓発にもなりますし、どのような支援が必要なのかを考えてもらえる貴重な機会にもなるでしょう。

　連携を密に行うためには「個別の教育支援計画」（Q8 参照）の活用が欠かせません。進学先・就職先で適切な支援を受けられるよう、学校が行ってきた支援内容を伝えることが、卒業後の豊かな生活にもつながりますので、積極的に活用していきましょう。

第Ⅱ部　第9章　自立と社会参加に向けて

Q47 社会自立につながる歩行の意欲的な態度とは、どのようなものでしょうか。

　社会自立とはどういうことでしょうか。親元を離れて生活すること、職業に就き経済的に安定した生活をすることなど、社会自立にはいろいろな考え方があります。ここでは、社会の一員として主体性を持って自分自身の生活を送ることとします。

　自分の生活は自分で決める、つまり自己決定という自立です。そのためには、幼少期から外界に対して興味・関心を持てるようにしていくことが大切です。その積み重ねが将来の自立につながっていきます。また、自己決定という基盤は同じでも、人によって目指す社会自立は異なります。障害の状態や性格、おかれている環境など、一人一人異なるからです。

　自己決定の自立を考える際の大切なポイントは、人の助けを求めてもよいということです。すべてを自分一人で行うという考えではありません。それでは、社会自立を目指すための歩行にはどのような態度が必要になってくるのでしょうか。

1．歩きたいという意思と社会性

　社会自立を目指した歩行をICFの観点でとらえてみましょう。歩行は「活動」に当たります。そして、歩行を通して社会に「参加」することになります。その際、なによりも「自ら歩きたいという意思」が大切です。歩きたいという意思を持つことで、歩行技術の習得が早くなり、もっと自分で歩きたいという気持ちも生まれてきます。歩行に関する様々な技術を身に付けても、歩きたいという意思がなければ「活動」や「参加」にも消極的になってしまうでしょう。

　社会性を身に付けることも必要です。社会性というのは表情・視線、マナー・礼儀、身なりといったものです。視覚障害があると対面する相手にも下を向きがちになることがあります。相手の声がする方に視線を向けたり、相手との距離で自分の声量を決めたりすることも必要です。また、マナーや礼儀も求められます。これらは後述する援助依頼に際して、特に重要になります。

◆ICF
　International Classification of Functioning, Disability and Health（国際生活機能分類）の略称

> **要点** 社会自立のためには、自ら歩きたいという意思と、困ったときには周囲に援助を求めてもよいという気持ちをもつことが大切です。

2．主体的な歩行

　自ら歩きたいという意思と社会性が土台にあると、歩行技術の習得がスムーズになり、主体的な歩行につながります。具体的にはガイド歩行、白杖歩行、情報の利用などがあげられます。

　ガイド歩行は、視覚障害者がガイド者に目的地まで連れて行ってもらう受動的な歩行に見えます。しかし、実際は、ガイド者の肘の上を自らが握り、ガイド者の腕や身体の動きから伝わる情報を瞬時に読み取り、自分自身がどういう状況にあるのかを常に考える能動的な活動です。坂、段差、階段を歩いているという周囲の環境把握から、どの方向に進んでいるのかの判断まで、自分が主体者であるという姿勢が大切です。

　白杖歩行は、視覚障害者にとって主だった移動手段です。白杖携帯の目的は3つあります。①安全性の確保、②情報の入手、③視覚障害者としてのシンボルです（Q20参照）。いずれも社会参加に必要な要素が含まれています。そして、白杖を携帯するときは社会の一員として、周囲への配慮も忘れてはいけません。交差点で止まるときには白杖を自分の近くへ寄せる、混雑地では白杖をゆっくり振るなど、状況に合わせて白杖を扱う必要があります。

　次に情報の利用です。目的地に行くために必要な情報を事前に知る必要があります。家族や知人に教えてもらったり、地図からの情報を得たり、インターネット等を利用したりします。歩行中でも、他者から情報を得ることができます。自ら歩き、社会に参加するために、必要な情報を得ることは主体的な活動です。

3．ひとり歩きと援助依頼

　ひとり歩きは、誰の手も借りない自力歩行ではありません。歩行前に必要な情報を得たうえで、道に迷ったときなど、歩行中でも必要に応じて援助を求めることが重要です。ひとり歩きには、援助依頼は欠かせません。その内容は、周囲の環境などの情報を得ること、ガイド歩行を依頼することに分けられます。前者は歩行前、歩行中いずれの場合も考えられます。後者は依頼することで、安全性が確保され、目的地への到着が容易になります。

　社会自立のためには援助依頼は必要であり、自らが生活の主体者であるという意識を持つことが大切になります。

第Ⅱ部　第9章　自立と社会参加に向けて

Column 10

歩行能力が視覚障害者の自立につながる

　視覚からの情報がないことから、幼いながらも怖さを感じたり、「歩く」という動作がぎこちなかったりする先天盲の子供は少なくないと思います。乏しい歩行体験を伸ばすためには、保護者・兄弟・保育士・教師など、幼少期から私たち視覚障害者とかかわる人の理解と協力が必須です。適正に体のバランスを保って歩きながら、手で多くのものに触り、足で路面の違いを知り、肌で曲がり角等での空気の流れを感じ、耳や鼻で手掛かりとなる音や匂いを探し、一緒にいる人と言葉を交わす中で、年齢相応のコミュニケーションの手段を自然に身に付けていくことが大切です。

　２歳くらいまでの私は、家の中では走り回っていたものの、外に出ると全く歩かなかったそうです。一般に、興味を引く視覚情報があれば何の問題もなく外も歩くのでしょうが、私の場合は、足底から伝わる外の感覚が異質だったことから、怖さを察して動かなかったのだと思います。

　そんな私も様々な経験を積む中で歩くことを楽しむようになり、一人で歩きたいと思うようになりました。白杖の指導は小学部の高学年から始まり、ひとり歩きを始めたのは中学部に入学した頃でした。単独通学をしたいというよりも、父親の入院や死に伴い、そうせざるをえない状況に追い込まれたというほうがいいのかもしれません。しかし、それをきっかけに一人で歩きたいという意欲がどんどん増していったのです。

　大学時代には、公共図書館や視覚障害者施設などに通ったり、友人と出かけたりしながら行動範囲を広げることができました。そして自分なりのランドマークを見つけ、歩いた場所を、東西南北の方角や左右等の方向も含めながら、頭の中で地図を描くことが好きになり、また、そうすることにも慣れてきました。

　盲学校は、いつまでも在籍することはできません。生徒は進学・就職に向けて準備をしますが、学業のみならず歩行の力を備えることがとても重要です。サポートしていただくことは多いでしょうが、「一人でも指定された場所に行くことができる」ということは、スムーズに進学・就職先の方々に自分をアピールする要素になると思います。ガイド歩行は、安全に安心して移動できます。しかし、「一人で歩けないからガイド歩行してもらう」ことと、「一人でも移動できるがガイド歩行してもらう」ことは全く違うと考えています。

　私は、より一層歩行能力を高め、視野を広げ、自立した視覚障害者を目指し、命の次に大切な白杖とともに、この先も歩き続けていきたいと思っています。

（筑波大学附属視覚特別支援学校教諭　江村　圭巳）

Column 11

指導者のマナー

　歩行の条件の一つに「社会性の検討」があります。これは歩行する際、外見的に自然な動きや姿勢を保持することを意味します。一般に人は自分の意思に拠らずに目立ったり、他者から注目されたりしたいとは思わないものです。これは視覚障害の有無にかかわらず、社会通念上妥当な感じ方であると言えます。また、社会性は歩行に必要な基礎的能力の一つであり、一般常識、TPOに合わせたマナーや振る舞い、身だしなみ、服装等が含まれます。歩行指導では、児童生徒がこれらに関する知識や技能を身に付け、実際の歩行に活かすことを目指します。適切な歩行の条件であり基礎的能力である社会性を身に付けることで、より多くの人々から援助依頼を受けられやすくなるという利点があります。

　一方、社会性について指導する際は、指導者が率先して模範を示すことが必要です。例えば、多くの人に出会う公的な空間（道路、公共交通機関、公的施設等）で、指導者自身が場にそぐわない身だしなみや服装であるなら、その指導者のみならず指導を受ける児童生徒までも衆目を集めてしまいかねません。また、指導者が腕を組んだり、両手をポケットに入れたままでいたり、態度や言葉遣いが児童生徒への配慮や敬意を感じられないものであったりするなら、人々がどのように受け止めるのかは想像するに難くありません。

　そして、歩行指導に対する社会的評価の低下とともに、視覚障害者の生活や社会の視覚障害理解の促進に看過できないダメージを与えるといっても過言ではないと言えます。

　我が国独自の歩行指導法を確立された芝田裕一氏は、歩行指導者について、「人間性・人柄と頭脳の明晰さという両面が必要であるが（中略）第一義は、人間性・人柄が重要であり、頭脳の明晰さは第二義となる。」（『視覚障害児・者の歩行指導』芝田裕一、北大路書房2010年）と述べておられます。かつて歩行訓練士を志し、日本ライトハウスで芝田先生に学ぶ機会を得た際、必要な知識・技術の習得に留まらず、指導者としての在り方をも教えていただいたことを覚えています。このことは、同期の仲間と苦楽を共にした日々の記憶とともに、歩行指導の取組をライフワークにしたいと願う私の基盤になっています。

　一個人の振舞いが全体に与える影響を自覚し、責任感を持って歩行指導に当たることが大切だと思っています。

（島根県立盲学校教諭　赤木　浩司）

第10章

弱視の子供への歩行指導

Q48 弱視の子供への歩行指導の基本的な考え方を教えてください。
Q49 弱視の子供の歩行に必要な見え方の把握方法について教えてください。
Q50 弱視の子供の歩行における弱視レンズ等の活用について教えてください。

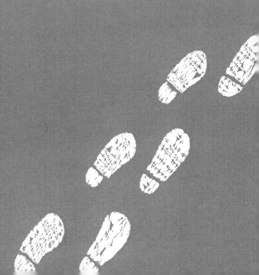

Q48 弱視の子供への歩行指導の基本的な考え方を教えてください。

1．弱視の子供の歩行の特性と指導上の留意点

　弱視の子供の歩行は、全盲の子供が歩行する際に使用する諸感覚（聴覚、触覚、平衡感覚、運動感覚等）に、保有する視覚が加わることに大きな特徴があります。視覚は瞬時に多くの情報を得ることができるという点や、他の感覚に対して優位であるという点に特性があります。実際の歩行指導では、そのような視覚の特性を理解したうえで、その子供の見え方を的確に把握し、子供に応じた保有する視覚と視覚以外の感覚の有効な活用を考えることが大切です。

2．歩行における見え方の実態把握

　弱視の子供の見え方は多様であり、一人一人異なるといっても過言ではありません。また天候や時刻を含めた環境や体調等によっても変わります。そのため、歩行の際に視覚を有効に活用するためには、一定の条件下で測定する視力検査の結果だけではなく、実際の歩行環境の中での見え方の状態を把握することが必要になります（Q49参照）。

3．視覚の活用と視覚補助具の使用

　視覚を有効に活用するために、歩行時の場面や子供に応じた視覚活用の有効性を的確に把握することが大切です。また、視覚活用の有効性を高めるため、必要に応じて視知覚に関する指導や、単眼鏡・遮光眼鏡等の視覚補助具を適切に利用できるようにします。視覚補助具の使用については、それぞれの特性をよく理解したうえで、子供のニーズを考慮して検討することが重要です（Q50参照）。

4．感覚の使い分けと視覚の優位性

　子供の実態に応じて、視覚、聴覚、触覚等の皮膚感覚（手から直接得るほか、顔や足底などからも得ます。白杖等を介しての感覚も含みます）、運動感覚、平衡感覚等の各種感覚を使い分けます。安全に歩行するためには、子供の実態、場面、体調等に応じて感覚を適切に使い分けることが必要であり、指導目標の柱であるといえます。

◆弱視の子供の見え方

　見るために必要な視機能には、視力、視野、順応、両眼視、調節、眼球運動等があります。

　また、これらに加え、眼疾患の進行や体調によっても状態が変わる等、個人差が大きいといえます。

◆視知覚に関する指導

　探索、トラッキング、図と地の判断、目と手の協応動作等、歩行に必要な視知覚の向上を図るために行います。

> **要点** まずは、子供の見え方を的確に把握することが大切です。視覚とその他の感覚を使い分け、有効活用できるように指導していきましょう。

◆アイマスクを装着した指導を行う場合の留意点と内容

指導の効果を得るためには、子供自身が目的意識と意欲をもって継続的に取り組むことが必要です。

内容としては、屋内歩行（壁などの伝い歩き）、ガイド歩行、白杖による歩行（白杖の基本操作を含む）など、基本的に全盲の子供への指導内容に準じて、子供の実態やニーズを考慮して選定します。

◆白杖携帯（使用）の意義と留意点

弱視者が白杖を携帯することの意義には、安全性の向上や援助の得やすさのほかに、社会に対して弱視者の存在を知らせるという啓発の手段としての意義があります。また、基本的な白杖の操作技術を習得することによって、危険な場面での安全性を向上させることができます。道路交通法との関係からも、弱視者も白杖を利用するよう勧めることが大切です。ただし、白杖の役割や意義を十分理解できるよう、心情に配慮しながら丁寧に指導していくようにしましょう。

感覚を使い分けることは、一般に人は視覚に注意を向けがちであるという視覚の他の感覚に対する優位性と、一度に注意を向けるのは一つの感覚に限定されるという注意の特性から、簡単に習得できることではありません。歩行指導では、子供がこれらの特性を理解したうえで、視覚以外の感覚に注意を向けるよう意識できるようにすることが重要です。合わせて、日常生活でも繰り返し行うことで、習慣として身に付けていく必要があります。

5．視機能の低下が予想される子供の歩行指導

視機能が徐々に低下することが予想される進行性の眼疾患の場合でも、保有する視機能を十分に活用することが第一ですが、全盲となった場合を考慮に入れた指導も検討していきましょう。

まず、有効な保有視覚があるうちに、将来利用する場所やルートを中心に多様な歩行環境を経験し、視覚的記憶を増やしておくことが重要です。また、アイマスクを装着した指導も考えられますが、見えなくなることへの不安や恐怖感を生じさせる可能性がありますので、実施については慎重に判断しましょう。実施の前提として、本人・保護者の意思や希望の確認が必須です。また、障害の受容を含めた心理的な配慮に十分取り組むことも欠かせません。

6．夜盲のある子供の歩行指導

信号機や街灯、車のヘッドライトなどは保有視覚を活用できるため、夜間の歩行指導を計画的に行うことが望ましいです。実施困難な場合はアイマスクを装着した指導を考えます。見えにくい、または見えない状態となるため、どちらの指導においてもまずガイド歩行によって不安の軽減を図る必要があります。

7．白杖の携帯について

弱視者は表情や行動が晴眼者と変わらないように見えることが多いため、援助を受けにくく、車や自転車の運転者から必要な配慮を得られない場合が多いです。結果として行動の制約や安全性を損なうことにつながっています。白杖を携帯することでこれらの問題をある程度解消することが期待できます。

第Ⅱ部　第10章　弱視の子供への歩行指導

163

Q49 弱視の子供の歩行に必要な見え方の把握方法について教えてください。

眼疾患や視機能検査で子供の視力や視野の状況は把握できます。見え方を理解するためのヒントにはなるものの、実際の歩行での見え方は、個人や歩行環境における様々な因子の変化によって違ってきます。そのため、実際に歩きながら調べることが大切です。見え方を調べる際は、子供の歩行ニーズを把握し、その歩行に必要な調査項目を盛り込んだ調査経路と実施日時を検討する必要があります。その際、考慮すべき事項は次のとおりです。

1．見え方の変化に影響を及ぼす因子
（1）個人因子
疾患、体調、意欲・態度、緊張度、よく知っている場所か否か、歩行経験、視覚補助具の活用度・習熟度、歩行時か静止時かなど
（2）環境因子
季節、天候、時刻、屋内外、照度およびその変化、見るものの大きさ・形・色・距離・コントラスト・動きの有無など

2．歩行ニーズの把握
最初の歩行の目標は通学となることが多いでしょう。その目標達成に必要な調査項目や経路、日時を考慮して指導計画を作成します。

3．調査日時
授業時間に通学路の一部を歩いて調べる方法もあります。しかし、子供のニーズから主に歩行する時間帯で調べることが大切になりますので、実際に通学する時間帯で行うことが有効です。登下校では、歩く方向が逆になり、日差しも異なるので見え方に違いが出てきます。また、季節によって、同じ時刻でも太陽の高さが変わり、冬の降雪・積雪時では見え方や見えるものが違ってきます。1回だけでなく、条件を変えて何回か行いましょう。

4．見え方で特に確認をしたい事項があった場合
見え方を調べる目的で歩行する場合、普段歩き慣れている経路では、探索物の位置や視覚以外の感覚を使って発見する方法を既に知っていることが考えられます。そこで、見え方で特に確認したい事項があった場合は、普段歩くことが少ない未知の経路で確認することも考えられます。

◆弱視の子供の見え方

弱視の子供の見え方の主な特徴を紹介します。実際は、症状の進行度合いや環境によって見え方が異なったり、複数の見えにくさが重なったり、その見え方は一様ではないことに留意が必要です。

①強くぼやけて見える（強度近視、白内障、乱視など）

見たものがにじんで見えたり、だぶって見えたり、もやがかかっているように見えたりと様々です。歩行中の手掛かりを発見するときは、大きくてコントラストがはっきりしたものであれば輪郭や色を認識できる場合があります。

②羞明（眩しさ）を強く感じる（白内障、無虹彩症、網膜色素変性症、乱視など）

日中、明るい場所で見えにくくなります。特に屋内から屋外に出たとき、暗い場所から明るい場所に移った直後など、症状が出やすくなります。

③暗い場所で見えにくい（網膜色素変性症など）

夜間など、暗い場所で見えにくくなります。特に屋外から屋内に入ったとき、明るい場所から暗い場所に移った直後など、症状が出やすくなります。

| 要点 | 弱視の子供の見え方は日時、天候、そのときの体調等で変化します。その子供の歩行のニーズに応じた経路や環境で見え方を把握するようにしましょう。 |

④視野の中心部分が見えない（黄斑変性症など）

周辺の視野で左右の接近者（車）や手掛かりとなるもの、足元にある段差などは、コントラストがはっきりしていれば、その輪郭などで発見できる場合があります。しかし、遠くにある看板の文字などは判読しにくくなります。

⑤視野の周辺部分が見えない（網膜色素変性症など）

遠くにある看板の文字や前方の離れた手掛かりは比較的遠方から発見することがあります。しかし、左右からの接近者（車）や高いところにあるもの、足元の段差は気づきにくくなります。

また、網膜や神経の損傷部位によって視野が欠損する部位は様々となります（緑内障、網膜剥離など）。

⑥色の違いがわかりにくい、色を見分けられない

赤と緑の区別が難しくなると信号の識別が難しくなります。

⑦一点に集中して見ることが難しい（眼球振盪など）

ものが動いて見えるため、看板の文字、バスの行き先などの細かいものを見て判読することが難しくなります。

5．調査項目（ランドマーク、手掛かり等）の設定

経路上に設定する調査項目は、歩行するうえで必要となる手掛かりや危険箇所の発見ということになります。交差点の発見では車音や歩道の傾斜が発見の手掛かりとなってしまうことから、見え方を調べる際は、交差点にある信号や横断歩道等を見つけてもらうようにするとよいでしょう。なお、静止時よりも移動時、静止物よりも移動物（人、車など）の方が発見しにくいため、必要に応じてその違いも調査項目に盛り込みます。

ただし、調査時に見え方を調べていることが強調されすぎてしまうと、子供はその発見に一生懸命となり、普段とは違う見方となってしまう場合があります。調査のための探索物となりすぎないように、できるだけ実際の歩行で必要となる手掛かりを探索物として設定します。

6．実態把握の方法

探索物の発見は、その箇所に到着した時点ではなく、それを発見できた時点で教えてもらうようにします。例えば、「３本目の電柱を発見したら教えてください」などです。探索物を発見できたかどうかに加え、何m手前で発見できたかも確認します。また、視覚補助具をすでに使用している場合は、使用が必要となる場面でその確認を行うとよいでしょう。

7．指導者の位置

指導者が子供の前に位置すると、子供は指導者の後を追ってしまいます。指導者は、子供の横、または斜め後方で危険度が高い側（車道側や溝側など）に位置するようにします。また、安全を確保するため、手を伸ばせばすぐに制止できる距離にいます。特に危険箇所では注意してください。

8．評価結果の活用

評価結果をもとに個別の指導計画を作成します。その中には必要となる白杖、遮光眼鏡（Q50 参照）、フラッシュライトなどの視覚補助具や視覚以外の感覚の活用方法が含まれます。そのため聴覚や触覚、嗅覚についての実態把握も大切です。

第Ⅱ部　第10章　弱視の子供への歩行指導

Q50 弱視の子供の歩行における弱視レンズ等の活用について教えてください。

歩行時に最もよく活用される弱視レンズは単眼鏡です。また、まぶしさを強く感じる場合は遮光眼鏡が有効です。

1．単眼鏡

単眼鏡などの視覚補助具は、時刻表、運賃表、信号、バスの行先表示などを見るときに使用すると便利ですが、すぐに使いこなせるわけではありません。そこで『教師と親のための弱視レンズガイド』（1995年、コレール社）に掲載されている「年少弱視児用弱視レンズ基本訓練プログラム」や「弱視レンズ広視野空間探索訓練プログラム」等を使って練習をしておく必要があります。また、全国の盲学校には独自の弱視レンズ指導プログラムを作成している学校もあるので問い合わせてみてもよいでしょう。

紐をつけた単眼鏡

まず、初期段階で指導すべき事項を整理します。
・太陽は絶対に見てはいけません。
・いつでもすぐに使用できるよう、付属の紐で単眼鏡を首から前にかけるようにします。長い紐に変えればたすき掛けで脇の下にさげることもできます。
・歩行しながら単眼鏡を使用すると、対象をとらえにくくなるだけではなく、安全性が損なわれるため、原則として静止した状態で使用します。

これらのことは、あらかじめ子供と約束しておくとよいでしょう。

次に、単眼鏡で歩行者用信号機を発見する方法を紹介します。①最初に手前の路上にある横断歩道の白線を見つけます。②次に白線の両端付近を視界の上方へたどっていき、信号機のポールを発見します。このときポールの色と周囲の色とのコントラストがあまりない場合は、発見するまでに多少時間がかかることもあります。③ポールに沿って単眼鏡を上げていくと歩行者用信号機を発見することができます。

動くものに焦点を合わせ続けるには、かなりの技術が必要になります。単眼鏡で像が拡大されたとしても、例えばバスの行先表示で背景が黒、文字が橙色などの場合はコントラストが低くなり、かえって見えにくい場合もあります。

> **要点** よく使われるのは単眼鏡です。歩行時、単眼鏡を上手に利用できるように、日頃から教室の授業でも使いこなせるようにしておきましょう。

なお、口径の異なるものなど、複数の単眼鏡を使用できるようにしておき、教室と外など場面に応じて使い分けることも必要になってきます。

2．遮光眼鏡

サンバイザーを付けた遮光眼鏡

遮光眼鏡は羞明（Q49 参照）のために道路の白線や縁石などが見えにくい子供にとって有効です。サイドや上部からの光を遮るにはサンバイザーをつけると、ある程度防ぐことができます。この遮光眼鏡は紫外線を完全にカットしながら、まぶしさを防ぎつつ、視界のコントラストを高めてくれるので、メリハリのある見え方が期待できます。全体的に光を遮断するサングラスのような暗さを感じません。カラーの種類も豊富にあるので状況にあわせた色のレンズを選ぶことができます。

遮光眼鏡の購入には、「補装具交付意見書」の提出による書類審査が必要になりますので、眼科医や各市町村の障害福祉課等に相談するとよいでしょう。遮光眼鏡は補装具になっていますが、自治体によって扱いが異なることがあるので注意が必要です。

3．フラッシュライト

フラッシュライトの例

夜間の歩行にはフラッシュライトも有効だと考えられます。選ぶポイントは、明るさ、重さ、電池か充電式か、価格等が考えられます。明るい場所での歩行は、目で確認できるので間違うことは少ないのですが、暗い場所では道に迷ったり、目的地を通り過ぎたりしてしまう可能性があります。このような場合、フラッシュライトを利用した歩行指導を行うことによって、楽しく歩けるようになってきたり、また夜間、歩いて行くことができなかった場所でもフラッシュライトを頼りに歩いて行くようになったりするケースもあります。

指導内容としては、以下のようなことが考えられます。
①路面を照らして見ること
②ドライバーの運転の支障にならないようにフラッシュライトを決して上に上げないこと
③前方を腰から下に照らすこと
④わからないところがあれば、腰から下のところを照らして見ること

第11章

重複障害のある子供への歩行指導

Q51　重複障害のある子供への歩行指導の意義を教えてください。
Q52　重複障害のある子供への歩行指導について教えてください。

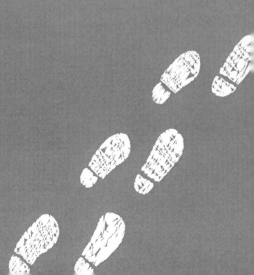

Q51 重複障害のある子供への歩行指導の意義を教えてください。

1. 視覚障害のある子供の早期支援の重要性

視覚障害のある子供は、視覚情報を補うため、早期からの支援が必要です。安心して外界に手を伸ばし、一歩踏み出すためには、楽しそうなことがまわりにたくさんあるのだということを知る体験を乳幼児期から丁寧に積み重ねていくことが欠かせません。

その際、重複障害のある子供の場合は、健康面や情緒の安定への配慮も大切にしながら、いろいろな場面を活用して、時間をかけて歩行の「基礎的能力」を育てていきましょう。

2. 歩くことの喜びを伝える

小学校入学を迎えても歩こうとしない、また歩くことに抵抗があるという子供の場合、まずは、その子供の成育歴や保護者が歩く楽しさをどのように伝えてきたかを把握してみましょう。そして、子供の気持ちに寄り添いながら、少しずつ外界を知らせる橋渡しを試みます。

感覚統合の視点も重要なヒントになります。臨床発達心理士や作業療法士などの専門家とも連携しながら感覚の調整をすることは、正しい感覚・知覚の受容、運動の力を習得し、歩くことを楽しめるようになっていくための大きな助けになります。

歩行指導は、一人で歩くことや白杖を利用した歩行だけが目的ではありません。その出発点は、「歩くことの喜び」を知ることであり、その過程での学びや、発達のすべてが子供の財産になるのです。指導時期を先送りして、子供が学ぶ機会を逸することがないようにしなければなりません。

3. QOL（生活の質）の向上を意識した歩行指導

重複障害のある子供への歩行指導のメリットはどのようなことがあるでしょうか。

まず、外界への興味・関心が喚起されること、そして外界に触れる機会が増え、新しい発見が楽しい経験として結びつく可能性が挙げられるでしょう。空間認知の力がつくことは日常生活を助け、生活や作業がスムーズに遂行しやすくなることが期待できます。さらに、自分のいる場所がわかり、移動したいときに移動したい場所へ行くことを選択でき、そのための方法を知る、とい

◆感覚統合
　エアーズ（Ayres,A.J.）が提唱した発達障害児等へのリハビリテーションの一つ。

> **要点** 重複障害のある子供にとって、歩行の「基礎的能力」は外界への扉を開くカギとも言えます。今すぐ、日常生活の中で働きかけを始めましょう。

◆**定位と移動**
(Orientation and mobility)
アメリカでは、視覚障害者の歩行をこのように称しています。移動だけでなく、定位（環境内の自分のいる位置と目的地の位置を他の重要な事物との関連において認知すること）も大切にしていることがわかります。

◆**シンボル**
トイレ、教室等場所の理解を促すための象徴として使います。また、一日の流れの理解を促すために使う、各時間の活動をイメージしやすい実物および実物に近いイメージのシンボルは、次の活動を示す意味でオブジェクト・キューということもあります。

図書室のシンボルとして小さな本を伝い歩きで手が触れる位置に下げています

〈時間割例〉
左から順に、朝の会、自立活動、体育、給食、音楽、帰りの会を表す具体物を入れ、提示します。

うことは将来のQOLの向上に大きく関係するのだという視点を持って指導する必要があります。

4．併せ有する障害と歩行指導

例えば、肢体不自由のため「歩くこと」が困難である子供の場合も、歩行指導の視点を大切にしなければなりません。視覚障害と重複していることが多い次の2つの障害種について、指導上の留意点を述べます。

（1）知的障害を併せ有するとき

知的障害のある子供への課題をそのまま適用するのではなく、視覚障害の状態を考慮し、適切な目標を設定しましょう。

また、指導の観点を「どんなことを発見し、学んだか」「どんな歩き方ができるようになったか」におくようにし、そのうえで子供にとって「わかる達成感」や「充実した楽しさ」があったかどうかを評価しましょう。指導の過程、できそうなこと・できたこと等を明確に引き継ぐには、「個別の指導計画」（Q8参照）に歩行学習を位置付けるとともに、できれば各校で評価表などを作成し、簡易に客観的なチェックができるようにしておくことも一つの方法です。

（2）肢体不自由を併せ有するとき

歩行困難で、移動が制限されることも少なくありませんが、目的地がどこなのか「シンボルを見て（触れて）、予測する」「予測したことを、確かめ、理解する」という視覚障害に配慮した指導法は安心して移動するための助けになります。安心して目的地へ移動することから、目的地を選びたい、という気持ちを促すようステップアップをねらいましょう。

また、歩行の「基礎的能力」の指導項目を参考にして外界の様子をわかりやすく言葉で伝えたり、受容しやすい感覚に働きかけたりなどの工夫をしながら、周囲の状況を丁寧に伝えていきます。指導の改善に向け、表情や反応の変化を評価する際、動画による客観的記録は非常に有効です。保護者の承諾を得て、積極的に活用するとよいでしょう。

Q52 重複障害のある子供への歩行指導について教えてください。

A 重複障害のある子供への歩行指導で代表的なものを紹介します。

1．ガイド歩行

基本的な考え方は、単一視覚障害の子供へのガイド歩行と同じです。しかし、ガイド者の肘を持つ、手首を持つ等の基本的事項が難しい重複障害のある子供に、それを強要する必要はありません。障害の状態や発達段階に応じて方法を工夫します。例えば、2人分の幅を確保して手をつないで歩く等、子供に合わせた方法で誘導することもできます。ガイド歩行を始める前に、必ず声をかけるようにします。言葉でのコミュニケーションが苦手な子供には、わかりやすいサインや合図、触ってわかるシンボルを決めておくことも有効です。いきなり手を引っ張ったり、後ろから押したりするとびっくりするだけでなく、歩くことへの抵抗感が生まれてしまいます。いつも一緒にいる大人が歩くことの楽しさを伝えることで、歩行を支える「基礎的能力」が育ちます。

2．屋内歩行

入学したら、まず、一番安心できる場所である教室の中を移動できるようにします。子供が、安心・安全に移動し、手で探索することができるよう、指導前に、物の配置を工夫する必要があります。教室の机や椅子、棚等は覚えやすいシンプルな配置にします。せっかく覚えた教室内で探し物が見つからず、自信をなくしてしまわないように、一度決めた配置を勝手に動かさないことも大切です。もし、動かす必要が生じたら、子供と一緒に移動させ、変更した場所を子供が手を使って確認できるようにするとよいでしょう。

教室内の物の配置を自然に覚えられるように、朝の会や授業で意図的に移動する場面を取り入れる方法もあります。自分の机から黒板まで出席カードを貼りに行く、カバンを棚まで置きに行く、先生の机まで宿題を出しに行く等、最初は一緒に移動し、徐々に一人でできるように支援を少なくしていきましょう。

教室内を安心・安全に移動できるようになったら、廊下のファミリアリゼーション（Q14参照）も始めます。教室を起点にトイレや食堂、体育館等の日常的に使う場所から徐々に広げていきま

◆教室の環境整備の例
（A君の教室）

> **要点** 子供の自信と歩行への意欲につながるよう、一人一人に応じた課題を設定し、歩行を支える「基礎的能力」を育てましょう。

◆プリケーンの使用例
（Q22参照）

◆重複障害のある子供の指導に当たっての配慮事項

　歌や音楽が好きな重複障害のある子供に対して、楽しく意欲的な活動を促すために、子供が移動している途中やガイド歩行の際に、指導者が歌いながら指導をしている場面を見かけることがあります。

　例えば、音源に向かって歩くために音楽をかける、一緒に楽しく歩くために歌を歌う等の明確な目的がある場合はよいのですが、子供が手掛かりを探そうと一生懸命考えているときや、歩行に集中しているときは、静かに子供の様子を見守ることも大切です。

す。

3．白杖の保持

　白杖は、歩行補助具として安全を確保することの他に、周囲の人へ理解を促す目的があります。視覚障害のある子供が、安心して屋外を歩くには、前項で述べたとおり、「基礎的能力」の向上が重要です。多くの指導者が悩むことの一つに「いつから白杖を持たせればいいのか」ということがあります。まず、子供の障害の状態やニーズを把握しましょう。そして、「外を自由に歩きたい」「買い物に行ってみたい」「白杖は自分の体を守ってくれる大事な物だ」という気持ちを育てていきましょう。プリケーン等で屋内を自由に歩ける力がつけば、「こんな便利な物があるよ。持ってみる？」という言葉に、子供の気持ちが応じられるようになっていくでしょう。自立活動の時間を中心に「基礎的能力」や白杖歩行に向けての気持ちがバランスよく育つよう学校教育活動全体を通して取り組んでください。子供の世界が少しずつ広がっていくように、子供や保護者に寄り添いながら、いわゆる歩行訓練士と相談しながら進めましょう。なお、白杖を持つことのメリットとして、子供によっては、掌握力の向上、触覚過敏の軽減、爪かみ等のくせの消失、探索行動の広がり、行動範囲の拡大が見られるようになることがあります。

　重複障害のある子供の場合は、１週間の時間割を帯状で組む等の工夫をすることで一日の流れが理解しやすくなります。例えば、朝の会の後に毎日歩行を行うことが、心と体の目覚めになり、活動に見通しを持つことができるようになります。得意なことや興味・関心は子供によって異なりますので、その子供が「どの感覚をよく使うのか」「感じ方や歩き方のくせは何か」「何に興味を示すのか」をよく観察し、アプローチの仕方を工夫しましょう。手掛かり一つとっても、目的地までの分岐点を触って確認する子供もいれば、風の流れや匂い、音等様々な感覚を総合的に活用する子供もいます。一番身近な保護者や指導者が、子供の将来像を描きながら、今現在の課題を共有することでより効果的な教育を行うことができます。

Column 12

A君との思い出

　A君は、全盲と難聴（補聴器の使用）があり、コミュニケーションが苦手な高校生です。
　ある日の歩行指導の時間のことです。A君は歩道で自転車とすれ違いましたが、止まらなかったのです。そんなA君に強い口調で「ダメじゃないか！　なぜ、止まらないの？」と質問しました。A君は答えませんでした。次の時間でも同じ場面がありました。これは、何か理由があるのではと思い、聾学校から騒音計を借用して静かな住宅街で自転車の往来する音を測定したのです。測定結果とA君の聴力検査を照らし合わせると、自転車の往来する高い音はA君には聞こえにくいことがわかりました。A君の聴力では、自転車の往来する音を聞き取ることができないのです。私は、A君に強い口調で指導したことを恥じ、「先生、理解できなくてゴメンね。」と素直に謝りました。A君の口元が少し緩んだように見えました。
　改めて、歩行場面でのA君の聞こえについて調べました。静かな住宅街での自転車の接近はわかりませんが、自転車のベル音や路面がぬれた雨天時ではわかるようです。また、晴天では聞こえているはずの音が強風で聞こえないことがあることもわかりました。このような状況を踏まえて、白杖を肩幅で左右に振ることを徹底しつつ、ゆっくり歩くこと。また、交差点では横断する前に路面に対して白杖を左右に2回滑らせて周囲へ注意喚起しながら、ゆっくりと横断するように指導しました。その後、ハッとする場面やトラブルもなくなり、ホッとしています。
　A君から多くを学びました。歩行指導マニュアルの内容をそのまま伝えるのではなく、障害の状況を総合的に把握し、実際の歩行環境にどのような歩き方が適切か否かを取捨選択しなければならないこと、その選択した内容が安全性と確実性の観点から的確だったかを確認することなどです。現在、A君は卒業して自宅から職場まで路線バスを使用して通勤しています。その様子を見かけるたびに、一緒に住宅街を歩いたことが思い出され、心の中で「A君、いろいろ教えてくれてありがとう」とつぶやいています。

（千葉県立千葉盲学校教諭　瀧本　和男）

Column 13

指で会話をしながら歩くこと

　盲ろう障害のＡ君が小学部から中学部に進級したとき、歩行の授業をどう進めていけばよいのか、いろいろ考えました。小学部では、校内の移動は教員と一緒だったので、中学部の教員内で相談し、本人の意向を確認したうえで、校内を一人で移動できるようにしました。安全面を考えると、中学部でも教員と一緒に移動させたいところですが、教員が一緒にいると友達が近くに来てくれなくなる可能性があります。また、歩行指導の観点から考えると、頭の中で地図を描きながら、実際に自分で歩いて確認する作業も大切です。ただ、ここは盲学校なので、友達は見えない・見えにくい人ばかりです。もし、Ａ君が何かの事情で立ち止まっていても気づけないし、Ａ君自身も聞こえないので、人をよけることができません。追突防止のため、Ａ君は足に鈴を付けて移動することになりました。もともと頭の中に地図を描くことが得意なＡ君は、堂々と誇らしげに校内を一人で歩くようになりました。

　校内の次は、校外で地図を組み立てる練習でした。これは、単独歩行を目指すということではなく、人と一緒に歩くときにＡ君が手引者に行きたい場所を説明できるようにすることと、学校周辺を知って友達との話題を広げることを目的としました。

　Ａ君は地図の理解が早いので、すぐに地図の範囲を広げることができました。また、いろいろな場所へ連れて行ってもらう機会が多かったので、道路の状況やお店の理解などを把握するのもすぐにできます。指導者として一番苦労したことは、彼に何かを理解してもらうことよりも、安全に注意して一緒に歩くことです。

　周囲の状況をＡ君に説明するときは、手話や指文字を使います。Ａ君は、その説明に対して質問したり、自分の意見を言ったりします。Ａ君が伝えたいことを私が理解するためには、Ａ君が出している指文字や手話を眼で見なければなりません。しかし、Ａ君の指を見てしまうと、周囲の安全の確保ができなくなります。私は何度か自分が木や電柱にぶつかりそうになりました。試行錯誤の結果、一方的に説明することしかできないような場所のときは、事前にＡ君に伝え、その場所を過ぎたらＡ君の話を聞くということに落ち着きました。指文字や手話で会話をしながら歩くことの困難さを痛感した思い出です。

（筑波大学附属視覚特別支援学校教諭　左振　恵子）

第12章

中途視覚障害者への歩行指導

Q53　中途視覚障害者への歩行指導は、どのように考えればよいでしょうか。

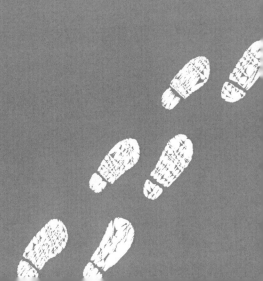

中途視覚障害者への歩行指導はどのように考えればよいでしょうか。

1．基本的な考え方

中途視覚障害者への歩行指導については、基本的な考え方や移動に必要な技術などは、これまで述べられてきた内容と変わることはありません。

見えていた時期があるので、そのときの視経験を生かすことができます。例えば、交差点の状況や道路の形状、交通ルール等についてすでに理解しているので、比較的容易に状況を想像してメンタルマップを描くことが可能です。ただし、イメージした状況と実際の状況が違っている場合があるので、視覚以外の感覚を十分に活用して、周囲の状況を正しく把握しながら歩くよう指導する必要があります。

2．必要な配慮

一般的に中途で視覚障害になった人の場合、失明への恐怖を感じ、葛藤の時期を経て、適応の時期を迎えるといわれています。盲学校に入学してくる人が、全員明るく元気で、将来の展望を描いているとは限りません。障害受容ができず人前で白杖を持つことを嫌がる人もいます。

中途視覚障害者への歩行指導は、その人の心理状態を十分に把握し、心情に寄り添うことから始めます。そして、個別の指導計画の作成に当たって、歩行指導に前向きに取り組めるよう、「校内を一人で移動する」「通学路の交差点を安全に横断する」など、学校生活や社会生活上のニーズに応じた具体的な目標を設定することが重要です。保有視力がある場合は状況把握に活用すると、本人の自信や意欲の向上につながります。また、指導時間が限られる場合は指導内容の精選が必要になります。

3．社会参加のきっかけに

中途視覚障害者にとって、自分で行動できる範囲を広げることは、自立や社会参加、社会復帰につながり、学習や生活への意欲を向上させることができます。そのため、ガイド歩行と白杖の意義や基本的操作方法の紹介は、入学後できるだけ早い段階で行うとよいでしょう。ガイド歩行は校内の移動や外出の大きな助けとなります。また、白杖に関する種々の情報は、自主的に歩行指導を受けるきっかけになります。

◆指導に当たって配慮したい点

歩行指導では、校内でも更衣室やトイレの説明は同性の教員が行うようにしますが、校外ではさらに同性でないとガイドや指導が難しい場面が多くなります。幼小学部の子供でも同性介助が基本ですが、特に中・高生や成人の場合は配慮しなければなりません。校外での歩行指導は、同性の教員が担当するようにしましょう。

| 要点 | 見えていたときの視経験や知識や体験を活用しつつ、本人の心理状態や見え方を踏まえ、ニーズに応じた個別の指導計画を立てることが重要です。 |

●視経験を活用した事例
＜網膜色素変性症　50代女性　弱視＞

　Ａさんは自宅から最寄り駅まで歩き、電車で通学しています。本人から駅前の交差点を安全に横断する方法が知りたいという希望がありました。校内で白杖の基本操作を練習し、その後、下校時に同行して実際の場所で指導を行いました。口頭で駅前の様子を伝えると、これまでの視経験から車の流れや交差点の特徴をよく理解していました。そこで、交差点の横断開始位置の発見、車音と保有視力による横断のタイミングを指導しました。これまでの視経験に加え、現地での確かめを行ったことで安全な交差点横断につながりました。

●心理状態に配慮した事例
＜レーベル病　10代男性　全盲＞

　Ｂさんはレーベル病により急激に視力が低下しました。入学時は自分で移動することにも消極的で白杖の保持にも抵抗があったため、本人の悩みや思いを聞くことから始めました。次に「教室間を一人で移動する」等、スモールステップで目立たず練習できる目標を立て指導を重ねたところ、白杖歩行の可能性に気づき積極性が生まれました。そして、「一人で電車を利用して登下校をする」ことが目標になり、その後休日にも電車を利用し友達と会うまでになりました。自分もできるという自信から、点字の練習や教科の学習にも前向きになりました。

●関係機関と連携した事例
＜錐体ジストロフィー　40代男性　弱視＞

　Ｃさんは卒業後の通勤に向け歩行指導を希望しました。まずは、自宅周辺の単独歩行ができるようになりたいという希望でしたが、学校での指導時間は限られていました。そこで、学校では白杖の基本操作を中心に障害物の回避、溝の発見と渡り方等を指導しました。自宅周辺での指導は、地域の視覚障害者福祉センターで行う計画を立て、センターの歩行訓練士が自宅周辺の歩行訓練を実施しました。学校とセンターとの連携により、基礎から応用まで幅広い歩行技術が身に付きました。

第Ⅱ部　第12章　中途視覚障害者への歩行指導

Column 14
人生の景色が変わるとき

「今、一人で郵便ポストに行って手紙を出してきました。涙が止まりません。」

自宅から直線で50mあるかないかの郵便ポストまで一人で行くことができた喜びを伝えてくれたAさんからの電話でした。日本ライトハウス養成部での研修を終え、初めて担当したのが当時普通科2年生のAさんでした。70歳を過ぎて、念願の盲学校普通科への入学を実現させた女性でした。

「50代前半で完全に視力を失ったときから一人で外出したことはなく、正直に言うと白杖を持って外出することが嫌でした。でも、これからの人生をより私らしく生きていくために、一人で歩くことができるようになりたい。」と相談がありました。年齢を考えても、単独歩行には事故やケガの危険性があり、移動の場面ではガイドヘルパーやタクシーなどを使うことを勧めました。それでも「先生から、危ないので止めろと言われれば必ず約束を守るので、歩行指導をお願いしたい。」と本人の決意は固く動ずることはありませんでした。話し合いを重ね、すぐに校外での単独歩行を目的にするのではなく、学校生活の中での移動の安全性を高めていくことを目標に歩行指導を始めることになりました。

卒業後は、地元の音楽大学に進学することになり、地元の歩行訓練士と連携し、大学通学のための歩行指導を継続しました。

「歩行指導は私の人生の景色を変えてくれました。人に見られることがあれほど嫌だった私でしたが、助けてくださった多くの方との出会いに、優しさや暖かさを感じることができるようになりました。ときには他者の一言に傷つきそうになることもありましたが、『(余裕のない相手の態度に)大丈夫かしら』と相手を心配できるようにもなりました。今が一番しあわせです。」と、満面の笑顔で大学の卒業報告をしてくれたことを今でも思い出します。

現在、盲学校を卒業されて10年になりますが、放送大学で学びながらパソコンの訓練に前向きに取り組んでおられます。単独歩行が可能になった場所は限られていますが、人生という道を笑顔で堂々と歩かれているAさんに、指導者として大切なことを学ばせていただいています。

(岡山県立岡山盲学校寄宿舎指導員　岸　哲志)

第13章

視覚障害者の歩行を支える

Q54　保護者や関係機関とのよりよい連携の在り方について教えてください。
Q55　同行援護制度とその利用の仕方について教えてください。
Q56　点字ブロックについて、知っておくべきことを教えてください。
Q57　歩行訓練士という国家資格があるのですか。

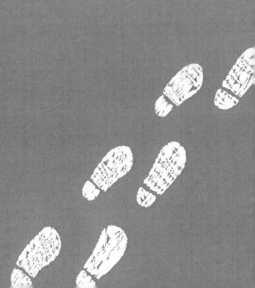

 保護者や関係機関とのよりよい連携の在り方について教えてください。

1．保護者と学校との連携

子供の歩行能力の向上は、家庭での接し方や、歩行に関する理解の程度によっても大きく変わってくるので保護者との連携は重要です。

特に幼児期は、日常生活そのものが歩行能力に影響してきます。自動車での移動ばかりでなく、保護者と一緒に自分の足で歩くことで、外界を直接感じることができ、保護者との会話と通じて様々な体験もできます。このことは外界の理解や概念形成に大きく関係してきます。保護者には、学校で指導する内容と家庭が主に担う内容を分けて伝えるなどしておくとよいでしょう。「基礎的能力」（Q3、Q4、Q11 参照）の観点から、具体的な例を挙げて説明すると、保護者も取り組みやすくなります。

【例】『知識』の「歩行環境にある主な事物とその名称」から…
道路を歩いているときに電柱やポストなどがあれば一緒に触る。どんなものかを説明する。

（1）学校と家庭との情報交換

歩行指導の目標、指導内容や評価方法、今後の見通しなどを保護者に伝え、家庭でも生かしてもらうようにしましょう。一方、保護者から子供の家庭での様子を聞くことは、指導を効果的に行ううえで非常に有効です。

保護者に実際の指導場面を見てもらうと、具体的な提案がしやすくなります。さらに、保護者の希望を個別の指導計画に反映させ、その希望に向けた手立てについて話し合うなど協力関係を深めることが大切です。

（2）通学指導

可能であれば保護者に同行をお願いして指導のポイントを伝え、共有することが有効です（Q45 参照）。危険な場所では、安全確認や注意点などその対処法について伝えます。なお、通学路の安全面に関しては保護者が情報を持っていることが多いです。点字ブロックの敷設や音響信号の設置申請、歩道にはみ出した枝や危険物の除去、道路環境の改善に関することは保護者と学校が連携して関係機関に相談するとよいでしょう。登下校で単独通学

◆**家庭でできる習慣づくり**

家庭でも取り組むことで、いろいろな力を育むことができます。次のポイントを踏まえて取り組みましょう。
①子供の必要な物は手の届く場所に置いて、いつでも取れるようにする。
②取り出したら、必ずもとに戻すように習慣づける。
③子供のものを勝手に動かさない。動かすときは丁寧に説明する。
④足元には物を置かない（ぶつかったり踏んだりして嫌な思いをすると歩くことが嫌になってしまいます）。

整理整頓を上手にできる子供は、頭の中で情報を整理することも上手です。頭の中で家の中のマップを作り、いろいろなものを操作する経験は後の歩行指導においても非常に役立ちます。

◆**道路環境の改善に向けた関係機関への相談について**

・音響信号、エスコートゾーンの設置→警察署
・点字ブロックの敷設→当該道路を管理する国および市町村の担当課

| 要点 | 保護者との密な情報交換は重要です。子供の生活環境や利用する福祉サービスに応じて関係機関と連携するようにしましょう。 |

◆**保護者の思いに寄り添って**

　子供よりも保護者が単独通学に対して強く不安を感じることもあります。通学指導に同行してもらい、現在の様子を見てもらい子供の実態や課題、今までの成果を説明することで安心してもらえる場合もあります。

◆**「個別の支援計画」**

　「個別の教育支援計画」は、学校や教育委員会が主体となって作成しますが、その他の機関が作成する場合、「個別の支援計画」と呼ぶことがあります。内容は同じで、医療・保健・福祉・教育・労働の各機関が情報を共有するためのものです。専門用語はなるべく使用せずに誰もがわかりやすい記載とすることを心掛けましょう。(Q8、Q10参照)

をするようになった後、子供がルートや行動計画を自分なりに変えてしまっていることがあります。効率よく安全なものであれば問題ありませんが、必ずしもそうではありません。そこで、単独通学を始めて間もない時期は定期的に保護者に確認してもらうようにしましょう。比較的歩行能力が高く、積極的に外出をするようなタイプの子供には特に注意が必要です。

2．その他の関係機関との連携

（1）同行援護従業者との連携（Q55参照）

　休日に家族と過ごすだけでなく、福祉制度を利用して同行援護従業者と外出する方法もあります。その際、担当者会議を開くなどして、学校・保護者・同行援護従業者が本人の状態や目標を共有しておくことが必要です。

（2）視覚障害者リハビリテーション施設等との連携

　地域にある視覚障害者福祉センターや視覚障害者リハビリテーション施設には、歩行訓練の担当者が配置されていることが多いです。買い物や通院などの練習をしたい場合に相談することができます。地域により状況は異なりますが、就職や卒業後の歩行訓練も視野に入れて徐々に関係機関の歩行訓練士に子供の学習状況や課題の共有を行うケースも考えられます。歩行以外にも点字、パソコン、各種生活訓練にも対応してもらえます。視覚障害者リハビリテーション施設等の歩行訓練士との密な連携が、よりよい指導につながる例もあります。また、地域によっては、移動支援を行うボランティア団体などがあります。社会福祉協議会等に問い合わせ、子供の自立に向けて活用できる資源があれば検討してみましょう。

3．「個別の教育支援計画」や「個別の支援計画」の活用

　「個別の教育支援計画」や「個別の支援計画」に歩行指導の成果や課題を記録することで、指導の方針や経緯がわかります。保護者と連携を図りながら様々な資源の利用や引き継ぎのツールとして活用しましょう。

第Ⅱ部　第13章　視覚障害者の歩行を支える

55 同行援護制度とその利用の仕方について教えてください。

1．同行援護とは

　視覚障害により、単独での外出や屋外での移動が困難な場合、「障害者の日常生活及び社会生活を総合的に支援するための法律」（通称「障害者総合支援法」）による同行援護のサービスを受けることができます。同行援護は、本法律第5条の4に「視覚障害により、移動に著しい困難を有する障害者等につき、外出時において、当該障害者等に同行し、移動に必要な情報を提供するとともに、移動の援護その他の厚生労働省令で定める便宜を供与することをいう。」と規定されています。平成23年9月までは、移動支援事業として市町村が実施する地域生活支援事業の中で行われていました。平成23年9月の障害者自立支援法一部改正に伴い、移動支援事業のうちの重度視覚障害者（児）にかかわる支援が同行援護として国の福祉制度として位置付けられました。

　次のサービスを受けることができます。
・移動時及びそれに伴う外出先においてに必要な移動の援護
・移動時及びそれに伴う外出先において必要な視覚的情報の支援（代筆・代読を含む）
・排泄・食事等の介護その他外出する際に必要となる援助

　これまでの移動支援事業では、目的地の入口までが市町村対応の支給対象となっていました。同行援護事業では、病院や役所内での代筆や代読、トイレの介助、買い物や行き方等の情報提供なども認められることになりました。

2．同行援護で利用できること

　公的機関・銀行等への外出、通院、日常生活での買い物、冠婚葬祭、余暇活動・スポーツ、会議、研修等に利用できます。

　しかし、特定の政党を支持する政治的活動、布教や勧誘など宗教的活動、通勤、営業、宣伝等の営利、経済活動、通学、反社会的な活動などには利用できません。ただし、通学については、自治体で行っている福祉サービスにより、地域によっては可能であったり、一定期間であれば可能であったりする場合もありますので、市区町村に問い合わせてください。

◆地域生活支援事業
　障害のある人が、基本的人権を享有する個人としての尊厳にふさわしい日常生活又は社会生活を営むことができるよう、住民に最も身近な市町村を中心として行われる事業です。

◆ガイドヘルパー
　重度視覚障害者の移動支援（ガイドヘルプ）の仕事を行う人を同行援護従事者（通称ガイドヘルパー）といいます。視覚障害者のガイドヘルパーは、視覚障害者を安全に移動介助できるように各地の都道府県知事等が行う「同行援護従事者研修」を修了した者が従事しています。

| 要点 | 同行援護制度も含め福祉制度の活用は、情報収集が非常に重要です。視覚障害者の福祉施設、市区町村福祉課などに相談しましょう。 |

◆身体障害者手帳

　身体障害者福祉法に定める身体上の障害がある者に対して、都道府県知事、指定都市市長又は中核市市長が交付します。

◆身体障害者手帳を利用した公共交通機関の運賃割引等
①JR運賃
・第1種障害者とその介助者：普通乗車券、回数乗車券、普通急行券が50%
・第1種、第2種障害者が単独で利用する場合：片道の営業キロが100kmを超える場合、普通乗車券が50%
②バス、私鉄
・第1種障害者とその介助者：普通乗車券50%
・第2種障害者：バスでは本人のみ普通乗車券が50%になっていることが多い
※鉄道では割引対象、内容、利用方法ともJRの割引に準じています。いずれも各社によって取り扱いが異なる場合があります。
　また、航空旅客運賃、タクシー運賃、有料道路通行料金の割引制度もありますので、福祉機関や各会社等にお問合せください。

（平成28年4月現在）

3．同行援護を利用するには

　同行援護利用までの流れは次のとおりです。
①市区町村担当課に利用申請
②障害区分認定を受ける（市区町村の認定調査員と面接、医師意見書の提出など）　⇒　認定・結果通知
③サービス等利用計画案を「指定特定相談支援事業者」に作成依頼し、市区町村窓口に提出（申請者による作成も可能）　⇒　支給決定
④「指定特定相談支援事業者」は「サービス担当者会議」を開催。「サービス等利用計画」を作成（申請者による作成も可能）
⑤サービス提供事業者との契約　⇒　サービス利用開始
＊所得に応じ障害者福祉サービスの利用者負担が必要となります。

4．その他の主な福祉制度

＜身体障害者手帳＞

　視力や視野の障害の程度によって、1級から6級までの等級があります。身体障害者手帳があると、同行援護制度、補装具費支給制度、日常生活用具給付制度、医療費助成、公営交通機関の運賃割引など、様々な福祉サービスを受けることができます。身体障害者手帳の交付を受けるには居住する市区町村の福祉課に申請します。

＜補装具費支給制度＞

　視覚障害者の補装具には、盲人安全つえ、義眼、眼鏡（矯正眼鏡、遮光眼鏡、コンタクトレンズ、弱視眼鏡）があります。利用者は、購入又は修理の費用のうちの一部を負担し、公費によるサービスを受けることができます。

＜日常生活用具給付等事業＞

　視覚障害者の日常生活用具には、点字器・点字タイプライター・視覚障害者用拡大読書器・盲人用時計などの情報・意思疎通支援用具、盲人用体温計（音声式）・盲人用体重計などの在宅療養等支援用具、電磁調理器などの自立生活支援用具などがあります。
　身体障害者手帳の等級や年齢、世帯の状況により給付には制限があります。また、地域生活支援事業のため、市町村により対象用具が多少異なります。補装具と同様に費用の一部負担があります。

第Ⅱ部　第13章　視覚障害者の歩行を支える

Q56 点字ブロックについて、知っておくべきことを教えてください。

1．点字ブロックについて
（1）種類と形状
①誘導ブロック（線状ブロック）
（図1）

突起した4本以上の線（短冊形）が、並列に並んだ点字ブロックで、主に歩行方向と歩行位置を示しています。

②警告ブロック（点状ブロック）（図2）

突起した円形の点が、格子状に縦横規則正しく配列された形状の点字ブロックで、階段や横断地点など危険を伴う場所での注意喚起と、建物の入り口や誘導ブロックの延長線上の分岐地点などの場所を知らせるために敷設されています。

図1　誘導ブロック

図2　警告ブロック

（2）色
黄色が主ですが、様々な色があります。点字ブロックを目で追いながら歩くことが可能な弱視者にとっては、敷設されている路面の色とのコントラストが重要になってきます。

（3）敷設について
点字ブロックの敷設に当たっては、道路の移動円滑化整備ガイドライン等に敷設の基本的な考えが示されていますが、十分統一されていない状況もあります。場所によって敷設の方法が異なると視覚障害者が混乱し、点字ブロックを安心して利用できなくなります。設置場所が凸凹のある場所だと足底の触覚では区別がつかず、点字ブロックを見つけることが困難になります。指導者は事前に敷設の状態を把握し、その情報を踏まえ安全な利用に徹した指導を進めることが大切になります。

2．点字ブロックを利用した歩行の方法
白杖歩行の技術と併用して点字ブロックの利用方法を指導することが大切です。指導者は子供の視機能の状況や歩行能力の実態把握を行い、個々の実態に合わせた点字ブロックの利用を検討して指導します。

◆**点字ブロックの生い立ち**

岡山市の安全交通試験研究センター初代理事長　三宅精一氏によって考案されました。

1967年3月に岡山県立岡山盲学校近くに世界で初めて敷設されました。

点字ブロック発祥の地の記念碑
（岡山市）

◆**点字ブロックの標準化**

2001年にJIS規格として形状の標準化が行われました。

◆**弱視者への指導**

視覚により点字ブロックを利用する弱視者には、路面の色と同系色の点字ブロックが敷設されている場合や夜間などの見えにくい視環境での歩行も想定し、視覚に頼らない足底（触知覚）の感覚や白杖を使用した歩行指導もしておく必要があります。

> **要点** 点字ブロックは、視覚障害者の歩行にとって「道しるべ」と言えます。安全に歩行するために、種類だけでなく、利用方法等を知っていることが大切です。

◆**新しい形状の点字ブロック**

駅のホームなどの端には、「内方線付き点字ブロック」（図3）が敷設されています。特に駅のホーム上等では、転落事故の可能性が懸念されます。したがって、安全な移動に資する利用を目的に実際場面での指導を行い、単独歩行時の利用に備えることが重要です。

図3 内方線付き点字ブロック

◆**知っておきたい留意点**

①対面から点字ブロックを利用する歩行者もいます。近づく足音があれば、挨拶などでお互いがいる位置を知らせ合うことも指導します。

②点字ブロックの敷設について、歩行者の安全性を確保するうえでわかりやすい色や設置方法の統一などの重要性を敷設者へ伝えていく必要性もあります。

なお、足底の感覚には個人差があります。動きながら誘導ブロックと警告ブロックを足底で判別することに苦労する人もいます。

（1）点字ブロックを利用した歩行の方法

①足底での点字ブロックの確認の方法

誘導ブロックを足底で判断し、移動する際は、点字ブロックの上に両足を乗せる方法と片足のみを乗せて歩く方法があります。また、点字ブロックの突起を理解するうえでは、靴の選定も考えておく必要があります。

②点字ブロックの上をタッチテクニックで歩く方法

足底で点字ブロックを確認し、進行方向や位置を判断すると同時に、白杖は前方の障害物や段差などの確認を行い移動する方法です。いつも歩いている既知の場所で、環境が十分理解されているところでの方法です。

③点字ブロックの上をスライド法で歩く方法

足底で点字ブロックを確認すると同時に、スライド法で前方の安全確認と進行方向や位置を確認し移動する方法です。スライドしやすいチップの選定を検討します。

④白杖のみで点字ブロックを伝いながら歩く方法

路面から浮き上がっている点字ブロックの突起を白杖の伝い歩きの方法で、進行方向を確認し歩行する方法です。白杖の伝い歩きの技術が習得されていることで、点字ブロックを利用した歩行時の安全性の確保につながります。

（2）白杖での誘導ブロックの分岐地点の発見方法

上述の①②では、足底の感覚で警告ブロックを踏むことで発見します。踏んでから次に進む方向を探すことになります。③④では白杖により、足で踏むより早く分岐点を見つけることができます。いずれも、次に曲がる側に体を位置し、予測して歩行することで早く確実に発見することができます。④の方法では、白杖を積極的に活用し歩行する習慣が身に付きます。子供の実態を踏まえ、生活環境（学校内や周辺、通学路の環境等）の中で活用を検討し、段階的に指導していきます。

Q57 歩行訓練士という国家資格があるのですか。

1. 歩行訓練士とは

いわゆる歩行訓練士は、視覚障害者に白杖などを用いた安全な歩行を指導する専門職の通称です。現在は、日常生活動作や点字・パソコンなどのコミュニケーションにかかわる指導も行い、それらを含めて視覚障害生活訓練等指導者と同義で用いられています。いわゆる歩行訓練士になるには、社会福祉法人日本ライトハウス、または国立障害者リハビリテーションセンターの2機関で実施されている養成課程を修了する必要があります。その課程は2年で実施されていますが、分割履修が可能な場合もあります。視覚障害者のリハビリテーションを担当することから、理学療法士等と混同される場合がありますが、国家資格である理学療法士とは異なるものです。

歩行指導は、いわゆる歩行訓練士でなければできないということではありませんが、歩行指導の専門性を有することから、視覚障害者の支援に携わる様々な施設等において求められています。多くの盲学校では、研修に派遣されて歩行指導の専門性を身に付けた教員が学校に在籍する子供の支援に当たっています。そのような教員がいない学校では、各地域の社会福祉法人や障害者福祉協会などの施設に在籍するいわゆる歩行訓練士と連携しながら、歩行指導をしていくことができます。

2. 歩行訓練士の仕事内容について

いわゆる歩行訓練士は、昭和45年に開始された「歩行訓練指導員研修会」（昭和47年から厚生省の委託事業）を修了した人たちの呼称として始まり、当時は視覚障害者の歩行指導に特化した内容でした。その後、幾度かの変遷を重ねながら、国立身体障害者リハビリテーションセンター学院に「視覚障害生活訓練専門職員養成課程」が、日本ライトハウスに「視覚障害生活訓練等指導者養成課程」が開設され、点字、調理、パソコン、ロービジョンエイド（視覚補助具）などに関する指導プログラムが加わりました。現在では、原則として生活訓練、コミュニケーション訓練全般を含めて担当するようになっています。

◆社会福祉法人日本ライトハウス

大阪市に拠点を置く社会福祉法人です。昭和10年に岩橋武夫が開館した視覚障害者支援事業を行う「ライトハウス」が、昭和27年に社会福祉法人化したものです。

視覚障害生活訓練等指導者養成の他、点字教科書等の発行と視覚障害者への情報提供、情報処理科での職業訓練、盲人ホーム等の運営、盲導犬の育成などを行っています。

◆国立障害者リハビリテーションセンター

埼玉県所沢市にある厚生労働省の施設等機関で、昭和54年に国立身体障害者リハビリテーションセンターとして設立されました。平成20年に国立障害者リハビリテーションセンターとして、機能再編と名称が変更されました。視覚障害生活訓練専門職員の養成は、センターの部門の一つである国立障害者リハビリテーションセンター学院で行われています。

	要点 歩行訓練士は国家資格ではありませんが、歩行指導全般に関する専門的な知識や技能をもっており、学校における歩行指導の要です。

3．歩行訓練士に求められる資質と姿勢について

　歩行指導は、子供の安全を第一に考えて行う必要があります。視覚障害者にとっての歩行は、社会参加に大きくつながる反面、時として命にかかわる事故に直結することもあるため、その責任の重みを感じながら、指導に当たらなければなりません。さらに、対象となる子供の発達段階や社会経験、心理状態、ニーズ、指導可能な期間など、様々な状況に配慮して指導を行う必要があります。白杖操作に力点を置くことだけが歩行指導ではなく、視覚障害のある子供の発達や認知の特性などを理解し、自立した歩行への意欲を引き出しながら取り組んでいくことが求められます。また、指導の目的は、どの対象者にも一様に同じ知識や技術を身に付けさせることではありません。それぞれ求められる自立や社会参加の形は異なるため、本人や保護者などとよく話し合い、ニーズや実態を十分に把握したうえで、子供の立場に立って進める姿勢が必要です。

4．教育現場における歩行訓練士の役割について

　盲学校において歩行指導を実施する場合、いわゆる歩行訓練士が重要な役割を担います。しかし、それはすべての歩行指導のニーズに、その者のみで対応するということではなく、他の教員との協力関係が欠かせません。盲学校の在籍者は、幼児から成人生徒まで年齢層は幅広く、視覚障害になった時期も様々であり、有する知識や運動能力、認知能力などが異なります。個々の実態に応じた指導を行うためには、子供と普段から接している学級担任等と情報交換を行い、連携して進める必要があります。さらに、他の教員の専門性を向上させるという姿勢も大切です。研修会を開いて歩行指導に必要な知識・技術を伝えたり、歩行指導の専門性を有しない教員が主担当となる指導をスーパーバイズしたりして、その学校全体の歩行指導への意識や技能を高めることが求められます。

第Ⅱ部　第13章　視覚障害者の歩行を支える

Break Time

Column 15

八盲サポーターの取組
～地域で支え合う登下校支援～

　八王子盲学校は、最寄駅であるJR西八王子駅から700mの距離にあります。駅から近く、歩行ルートも単純なため、スクールバスは運行していません。そのため、子供たちは、公共交通機関を利用するか、保護者の自家用車送迎により登下校しています。電車やバスによる登下校の場合も、付添いはほとんど保護者が行っています。小さいときから公共の交通機関を使って登下校することは、白杖による歩行を習得していくうえで、とても大切な必須条件になります。登下校ルートに「どんなものがあり、どんな音がするのか、どんな匂いがするのか」等を子供たち自身が体感することが、歩行ルートの理解につながっていきます。そのために、本校では、保護者になるべく公共の交通機関を使って登下校をしていただくことをお願いしています。しかし、片道90分程度かかる家庭も多く、保護者の負担は相当なものです。送迎ボランティアの活用という方法もありますが、個人的にボランティアを探して、お願いできる人は多くありません。

　そこで、本校では、平成25年に八王子市の障害福祉課、社会福祉協議会等と連携し、市報や機関誌で、地域の方々からボランティアの募集を開始しました。ガイド歩行の研修を行い、子供たちの登下校の支援をしていただく取組です。名づけて「八盲サポーター」！

　「八盲サポーター」のねらいは次の3つです。
① 幼児・児童・生徒の公共交通機関を使った登下校の機会の確保
② 保護者の支援
③ 幼児・児童・生徒が保護者以外の介助者と歩く機会の確保

　平成28年度現在、たくさんの方が八盲サポーターとして登録してくださり、子供たちの登下校を支えてくださっています。八盲サポーターの方々からは、「一緒に帰る日が待ち遠しいです」「とてもやりがいを感じます」などのご意見をいただき、本校の子供たちが支えてもらっているだけではなく、子供たちが地域の皆さんの心のよりどころになっているのだなと感じています。

　「地域で支え合うこと」の大切さをこの取組を通して伝えられたらなと思っています。

(東京都立八王子盲学校指導教諭　菅井　みちる)

Column 16

点字ブロックの利用者

　T市でのできごとです。T市に就職が決まった全盲の高等部専攻科3年生Aさんの歩行指導で、就職先の会社から駅に向かう広い歩道橋上の点字ブロックを伝い歩きしていると、前からT字杖を使った80代と思われるおばあさんが、点字ブロックに沿って歩いてきました。よたよたしていたので、ぶつかっては大変と思わずAさんを止めました。白杖を振る音が、T字杖だとわかりづらいのです。

　横に逸れ、おばあさんが通り過ぎるのを待ちました。視覚障害者以外にも点字ブロックを使っている人がいることにびっくりした私たちは、声をかけてみたのです。

　「こんにちは。」と言うと、白杖を見たおばあさんは、「あんたは目が見えないのかねえ、歩くのは大変だね。」と言いました。私が「今、歩行指導中でもう少しで合格です。でもこの点字ブロックがあるので、駅への方向がわかります。」と言うと、「私もこの黄色いブロックを目印に歩いているの、見やすいのよ。あなたも頑張ってね！」と言って、ゆっくりと歩き始めました。あのおばあさんも見えにくかったのかなと思いました。

　点字ブロックを伝い歩きしていると、このような広い場所では視覚障害者以外は避けてくれる、自分しか利用していないと思いがちですが、点字ブロックの上で立ち止まっている人、利用して前から歩いてくる人もいるかもしれません。勢いよく正面衝突すれば、事故につながります。点字ブロックを伝い歩きしている際も、細心の注意を払わなくてはならないと思った出来事でした。

(神奈川県立平塚盲学校教諭　南　真由美)

Break Time　Column 17
盲導犬歩行

　私は24歳のとき、盲導犬を持つことにしました。
　まずは結婚したり、子育てをしたりする前に生き物に責任を持ってみようということが理由の一つでした。また、学生の頃に盲導犬ユーザーの先生がおられたということもあり、将来自分も盲導犬を持って自由にいろいろなところへ出向き、アクティブに活動してみたいという思いもありました。もちろん、そのようなことだけでなく、生き物が運んでくれるたくさんの温もりや喜び、出会いがあるということも理由です。
　社会では盲導犬が理解されていない時代でしたから、住居問題、飲食店の問題、宿泊先の問題等々、苦労しました。重ねてまだ一人暮らしでしたから、生き物を抱えるということでは、食事、排泄、病院通い、健康管理など、まるで子供を抱えるシングルマザーみたいでした。ただ、唯一就職先が治療院や病院ではなく、教員になることが決まっていたので受け入れの問題はほかと比べると少なかったと思います。
　盲導犬のユーザーや家族によって、盲導犬の存在はそれぞれ違うと思いますが、我が家では家に帰ると限りなくペットに近い家族の一員です。
　移動が難しい視覚障害者にとって、白杖を使うとかガイドヘルパーと歩くなどに加え、好きなときに盲導犬と風を切って歩ける爽快感、ちょっと外へ出かけようかという気持ちにさせてくれることなど、移動のための選択肢の幅が広がるというのは大きなことです。
　そのほか、動物がもたらす良い点としては、私が落ち込んでいても元気に背中を押してくれる、私が忙しすぎてコミュニケーションが不足すると変調をきたすなど、常に自分自身のバロメーターとなることです。動物といると引きこもってしまうようなことにはならないだろうと思います。また、犬は視覚障害からくる敏捷性の低下を上手に補ってくれたり、精神的にもサポートしてくれたりします。
　犬のもつ能力を借りることにより、点情報から面情報に変えることができるという意味では、視覚障害者と犬を結びつけた先人は偉大だと思います。
　ただし、生き物なので、食事・排泄だけでなく、健康管理も含めて、盲導犬を持つことは子供を一人抱えるようなものということは理解しておく必要があります。また、いまだ盲導犬の受け入れの悪い社会との摩擦とも上手に付き合っていく対応力も必要です。しかし、やっぱり私は移動のための選択肢が増えるという点が重要だと思っています。

（横浜市立盲特別支援学校教諭　栗山　龍太）

Break Time

Column 18
歩行指導のパイオニア
木下和三郎から学ぶ

現在の体系的で合理的な歩行指導の仕組みは、アメリカから導入され、日本の実情に応じて改変されてきたものです。

アメリカでは、傷痍軍人のためのリハビリテーションとして、アルミ製のロングケーンを用いた歩行指導が、1940年代から取り組まれ、指導法が体系化されました。日本では、1970年にその指導法の講習会が行われ、指導員の養成が始まります。

しかし、それ以前の1939年に、神戸市立盲学校教諭の木下和三郎が、「盲人歩行論」という手引き書を執筆し、自身の体験に基づく歩行指導の方法論を述べています。例えば、聴覚・皮膚感覚・嗅覚とは別に、内部的感覚として、「身体の位置、すなわち体位を知る感覚」の重要性を述べています。これは、身体の保持や動きに関する情報を筋や関節等を通して内部から得ることを指しています。視覚情報が活用できず、模倣が困難な子どもたちには、動きを通したフィードバックから身体像に気づき、認知できることが歩行の出発点になります。

また、直線（まっすぐ歩く）、曲線（直角・鋭角・鈍角に曲がるなど）の歩行とは別に、並行歩行を取り上げています。壁などに沿って伝い歩きをすることから、間隔を空けて並行に歩く方法に発展させていくことを指しています。いわゆる障害物知覚を用いることによって、自分自身の発する足音などの音と反響音との差違を感じ取りながら距離を知覚して歩く方法に言及しています。

このような音の活用は、杖の役割においても述べています。「杖先でものを接する際発する音を聴いて認識を広め、空間に対する安全圏を確保するの用に供するにある」とし、杖による音の響きから空間の広がりなどを把握し、安全確保に役立てられるとしています。

これらは、現在の歩行指導では、見落とされがちな点だと思っています。杖が発する音の活用も考慮した上で、個々の実態に応じた指導およびチップ（石突き）の選別がされることが望ましいと考えています。

その他にも、「歩行図」と「歩行標識」について説明し、現在の歩行指導で重要な内容を占めているメンタルマップ、ランドマーク・手がかりの活用に触れています。これらの記述を読むと、一個人の経験として片付けてはいけない普遍的なものが示されています。

合理的な歩行指導と、当事者の立場から学ぶ歩行指導をいかにバランスよく融合させていくことができるのか、指導する私たちの課題でもあると思っています。

（筑波大学附属視覚特別支援学校教諭　山口　崇）

引用・参考文献

- 青柳まゆみ・鳥山由子編著『視覚障害教育入門　改訂版』ジアース教育新社　2015 年
- 五十嵐信敬編著『目の不自由な子の感覚教育百科』コレール社　1994 年
- 五十嵐信敬『視覚障害幼児の発達と指導』コレール社　1996 年
- 稲本正法他編『教師と親のための弱視レンズガイド』コレール社　1995 年
- ウイリアム・T．リドン，M．ロレッタ・マクグロー（山岸信義訳）『感覚教育の手引き　視覚障害児の概念発達』日本盲人福祉研究会　1976 年
- 桜雲会『視覚障害者の身だしなみと話し方』桜雲会　2011 年
- 大倉元宏・清水美知子・田内雅規・村上琢磨『視覚障がいの歩行の科学−安全で安心なひとり歩きをめざして−』コロナ社　2014 年
- 岡山盲教育研究会編『盲学校教職員のための三部書　改訂版』　岡山ライトハウス　1987 年
- ガイドヘルパー技術編集会監修『ガイドヘルパー研修テキスト　視覚障害編』中央法規出版　2007 年
- 国立障害者リハビリテーションセンター学院視覚障害学科「歩行技術の理論と教授法」
- 香川邦生編著『四訂版　視覚障害教育に携わる方のために』慶應義塾大学出版会　2012 年
- 香川邦生『障害のある子どもの認知と動作の基礎支援』教育出版　2013 年
- 国際視覚障害者援助協会編『イラストでわかる視覚障害者へのサポート』読書工房　2007 年
- 静岡ビジョンの会「目の見えない子のための支援　あいうるら−手と指で広げる世界−」　2003 年
- 芝田裕一『視覚障害児・者の理解と支援　新版』北大路書房　2015 年
- 芝田裕一『視覚障害児・者の歩行指導−特別支援教育からリハビリテーションまで−』北大路書房　2010 年
- 芝田裕一『視覚障害児・者の理解と支援』北大路書房　2007 年
- 芝田裕一『視覚障害児等の指導に関する資料集　第 2 版』日本ライトハウス　2003 年
- 芝田裕一『視覚障害者のリハビリテーションと生活訓練−指導者養成用テキスト−第 2 版』日本ライトハウス　2003 年
- 全国盲学校長会『視覚障害教育入門Q＆A』ジアース教育新社　2000 年
- 全国盲学校長会『視覚障害教育の現状と課題』第 48 〜 55 巻　2009 〜 2016 年
- タートルの会『中途失明Ⅱ　陽はまた昇る』タートルの会　2003 年
- 筑波大学特別支援教育研究センター・安藤隆男編『特別支援教育の指導法』教育出版　2006 年
- 東京教育大学教育学部雑司ヶ谷分校「視覚障害教育百年のあゆみ」編集委員会編『視覚障害教育百年のあゆみ』第一法規出版　1976 年
- 東京都盲学校自立活動教育研究会『私たちの考える歩行指導Q＆A−視覚障害教育の現場で−』読書工房　2006 年
- 日本盲人会連合監修『同行援護従業者養成研修テキスト　第 3 版』中央法規出版　2014 年
- 日本ライトハウス『視覚障害リハビリテーション』第 81 号　2015 年
- 日本ライトハウス『視覚障害リハビリテーション』第 80 号　2014 年
- 日本ライトハウス 21 世紀研究会『わが国の障害者福祉とヘレン・ケラー』教育出版　2002 年
- 日本ライトハウス養成部「視覚障害生活訓練等指導者養成課程の変遷」
- 深川亮「視覚障害教育における操作的活動を生かした数学指導」『視覚リハビリテーション』第 81 号　日本ライトハウス　2015 年
- 松下幹夫「フラッシュライトを使用しての歩行指導」視覚障害教育歩行指導研究発表大会発表資料　2005 年
- 牟田口辰己「盲児童生徒の歩行指導プログラムの開発に関する研究」研究成果報告書　2012 年
- 村上琢磨・関田巌『目の不自由な方を誘導するガイドヘルプの基本−初心者からベテランまで−』文光堂　2009 年

・文部省『歩行指導の手引』慶應義塾大学出版会　1985 年
・文部省『視覚障害児の発達と学習』ぎょうせい　1984 年
・文部省『養護・訓練指導事例集』東山書房　1975 年
・文部科学省『特別支援学校学習指導要領解説　自立活動編』海文堂出版　2010 年
・山田幸男・大石正夫・霜鳥弘道『白杖歩行サポートハンドブック－地域で暮らす視覚障害者のために－』読書工房　2010 年
・山本利和「視覚障害児への歩行指導 (3)」『視覚障害リハビリテーション』第 73 号　2010 年
・山本利和「視覚障害児への歩行指導 (2)」『視覚障害リハビリテーション』第 72 号　2010 年
・山本利和「視覚障害児への歩行指導 (1)」『視覚障害リハビリテーション』第 68 号　2008 年
・吉田千里「空間のイメージ」乾敏郎監修『現代電子情報通信選書「知識の森」感覚・知覚・認知の基礎』オーム社　2012 年
・Cratty, B. J. & Sams, T. A.（1968）The body-image of blind children. New York :American Foundation for the Blind. Dodds, A. G. & Carter, D. D. C.

第Ⅲ部
参考資料

・「歩行実態表」（例）
・保護者宛ての一人通学に関する文書（例）

「歩行実態表」（例）

入学時に歩行の実態を把握するために使用します。

歩 行 実 態 表

【基本情報】（　　　　　）学部　（　　　　）年　名前（　　　　　　　　　　　）

医療情報	
学習能力	
生活能力	
その他	

【歩行ルート】

・学校から□□バス停

【歩行目標】

長期目標	
短期目標	

項　目	評　価 （◎獲得、△課題）
1　歩行に必要な基礎的能力	
・電柱やポスト、交通標識、ガードレールなどの構造や働きが分かる。	
・歩道、車道、横断歩道、交差点などの構造やルートが分かる。	
2　身体の動き	
・バランスの取れた姿勢で歩く。	
・歩行中、加速、減速、急停止ができる。	
3　環境の把握	
・地面の材質の変化が分かる。	
・走行音で車の種類、方向、速度が分かる。	
4　歩行地図	
・方向が変わってもバス停がどの方向にあるか分かる。	
・学校からバス停までのルートを説明できる。	

（左端に縦書き：歩行能力）

【指導上の配慮事項】

【記入日：（　　　）年（　　　）月（　　　）日／記入者：（　　　　　　　　）】

保護者宛ての一人通学に関する文書（例）

次の３つの文書を配付し、保護者の理解と協力を得る方法もあります。

「一人通学に向けての手順について」「一人通学届の提出について」「一人通学届」の文章例を示します。

この文書例を各学校でそのまま使用するのではなく、各学校や地域の状況等に応じて参考にしてください。

1 「一人通学に向けての手順について」

平成〇年〇月〇日

保護者　様

〇〇盲学校長

一人通学に向けての手順について

　一人通学に当たっては、お子様の安全を第一に考えて指導を実施してまいります。保護者の皆様におかれましては、以下についてご理解とご協力をお願いいたします。

1　一人通学に向けた練習の開始について

　一人通学に向けた練習を始める前に、基礎となる歩行の力をつけておくことが必要です。歩行に必要な基礎的な力がついているかどうか、本人の意欲はどうかを、保護者と歩行指導担当者で十分話し合い、練習を始める時期を決めます。

2　練習の手順

　次のような流れで、保護者、担任、歩行指導担当で相談しながら進めます。実際の指導についても、三者で協力しながら行うようにします。

（1）一人通学で使用する通学経路（安全かつ分かりやすいルート）を選択し、「一人通学指導計画」を作成します。

（2）一人通学の練習を行い、ルートを覚え安全に移動できるようにします。

　　　①児童生徒は、教員の指導を受けながら自分で歩きます。（ルートを理解します。）

　　　②児童生徒は、近くで大人に見守ってもらいながら自分で歩きます。（間違えたらどうなるか、ということも含めて学びます。）※「一人通学歩行指導チェックシート」を活用して練習します。

　　　③児童生徒は、離れたところから大人に見守られながら自分で歩きます。（安全上の課題があれば適宜指導します。間違えた場合の修正方法や援助依頼も学びます。）

（3）保護者が担任、歩行指導担当とともに安全性をチェックし、一人通学開始の判断をします。

　　　（お子様の一人通学が安全かつ確実にできるかどうかの視点でご判断ください。）

3　「一人通学届」の提出

　一人通学開始の判断をしたら、保護者は学校から「一人通学届」の用紙を受け取り、必要事項をご記入の上、学校にご提出ください。通学経路など、届け出事項に変更が生じた場合は、再度ご提出いただくこともあります。

〜公共の交通機関の利用にあたって〜

　練習の回数や切符の購入の手間、学習してほしいことなどを考慮して、練習の段階ごとに定期券、回数券、切符、カードのいずれを利用するかを決めてください。

※身体障害者手帳1種の場合は、本人と介助者が一緒で2人とも半額になります。単独の場合は1人分の料金がかかりますのでご注意ください。

※鉄道、路線バスの定期券を利用する場合は、学校事務室で「通学証明書」を発行しますので、利用する交通機関の定期券購入窓口に提出し購入します。

不明点等は、学校までご相談ください。

2 「一人通学届の提出について」

平成○○年○月○日

保護者　様

○○盲学校長

一人通学届の提出について

　本校では、お子様が卒業後の自立と社会参加のために、「一人通学」は大切な課題であると位置づけております。より安全で確実な通学の力と将来に向けて移動の力を高める支援を一層進めたいと考えております。

　そのために、新たに一人通学を始めるお子様には、保護者の方に「一人通学届」を提出していただいております。お手数をおかけしますが、趣旨をご理解の上、ご協力をお願いいたします。

記

1　通学届の作成について

　「一人通学」とは、お子様が自宅と学校間（またはその一部）を保護者の付き添い無しに一人で通学することです。

　記入例
　＜通学経路の記入例＞　　　…徒歩、一バス、＝電車
　（例１）
　　自宅 ── ○○バス停 ──^{○○バス}── ○○駅 ──^{ＪＲ}── ○○駅 ──^{ＪＲ}── （ＪＲ）○○駅
　　──^{スクールバス}──（スクールバス）学校
　　帰りも同じ経路で通学します。
　　※帰りの経路が異なる場合は、別途記入してください。また、家庭の事情等で曜日によって経路
　　　が異なる場合もご記入ください。

2　提出方法

　保護者は「一人通学届」の用紙に必要事項をご記入の上、担任にご提出ください。通学経路など、届け出事項に変更が生じた場合は、再度ご提出ください。

　一人通学できるようになったお子様につきましても、安全の確認や公共の場でのマナー等、登下校時のご指導にご協力ください。なお、ご不明な点につきましては担任までお問い合わせください。

3 「一人通学届」

平成　　年　　月　　日

○○盲学校長　様

一人通学届

一人通学をさせたいので、下記のとおり届けます。
なお、通学に際しては交通事故等に気をつけ安全に配慮させます。

記

部　　　学年　　　組　　　氏名

保護者氏名　　　　　　　　　　　印

住所	〒
電話番号	自宅： 携帯：
緊急連絡先	住所：
	電話番号：　　　　　　　（　　　　　）

＜通学経路＞　…徒歩、―バス、＝電車

＜経路図＞　※具体的に

4 「一人通学指導計画」

対象者	学部	年	組	氏名		担任	

通 学 経 路	（学校）→正門前横断歩道 → △△歩道 → ○○交差点 → → ◎◎バス停 → （路線バス）→ △△バス停 → □□駅前商店街 → （□□駅） → （電車経路）→ （■■駅）→（自宅）

一人通学指導計画

段階	目　標	経路・内容	予定期間
1	・ルートを把握する。 ・学校正門前の横断歩道を、音響信号機を正しく操作して安全に横断する。 ・○○交差点を発見し、車音を手がかりにして安全に横断する。 ・歩車道の区別のない道路を安全に歩行できる。	学校→正門前横断歩道→△△歩道→○○交差点 ・ルート、危険箇所・要注意箇所の確認 ・歩道及び歩車道の区別のない道路の歩行 ・交差点の発見 ・道路横断（音響信号機のある交差点、音響式でない信号機のある交差点）	
2	・バス停の位置を把握する。 ・必要に応じて援助依頼を行い、マナーを守ってバスを待つことができる。	学校→正門前横断歩道→△△歩道→○○交差点→◎◎バス停 ・バス停の発見と構造の確認 ・援助依頼練習	
3	・バスの構造を理解し、安全に乗降車できる。 ・バスを安全に利用することができる。 ・定期券の利用やICカード・現金での運賃精算ができる。	学校→正門前横断歩道→△△歩道→○○交差点→◎◎バス停→（路線バス）→△△バス停 ・バスの構造 ・定期券の利用 ・ICカードの利用と現金での運賃支払いの仕方 ・バスの座席の座り方 ・バス内での立ち方 ・降車ボタンの発見と利用 ・バス降車後の安全な移動	
4	・ルートを把握する。 ・混雑した商店街を安全に歩行する。	学校→正門前横断歩道→△△歩道→○○交差点→◎◎バス停→（路線バス）→△△バス停→□□駅前商店街→（□□駅） ・ルート、危険箇所・要注意箇所の確認 ・歩道及び歩車道の区別のない道路の歩行 ・交差点の発見 ・道路横断（信号機のある交差点、信号機のない交差点）	
5	・乗車駅・降車駅の構造を把握する。 ・混雑した駅構内で、周囲に配慮した移動ができる。 ・IC定期等の利用ができる。 ・安全に電車乗降ができる。	学校→正門前横断歩道→△△歩道→○○交差点→◎◎バス停→（路線バス）→△△バス停→□□駅前商店街→（□□駅）→（電車経路）→（■■駅） ・乗車駅・降車駅の構造について ・ICカードの操作の仕方 ・切符の購入の仕方 ・駅構内での移動の仕方（白杖操作を中心に） ・乗車場所の確認と乗車練習 ・降車練習 ・電車内でのマナーについて（白杖・荷物の取り扱い等） ・電車内での移動と立ち位置について	
6	・ルートを把握する。 ・音響信号機を正しく操作して安全に横断する。 ・歩車道の区別のない道路を安全に歩行できる。	学校→正門前横断歩道→△△歩道→○○交差点→◎◎バス停→（路線バス）→△△バス停→□□駅前商店街→（□□駅）→（電車経路）→（■■駅）→自宅 ・ルート、危険箇所・要注意箇所の確認 ・歩道及び歩車道の区別のない道路の歩行 ・交差点の発見 ・道路横断（音響信号機のある交差点、音響式でない信号機のある交差点）	
7	・緊急時の対応ができる。	・トラブルに対処する方法（トラブルが発生した場所に応じて自宅・学校・駅に電話をかける、その場での援助依頼の仕方等）	

※ 学校、地域によっては保護者の同意・署名欄を設けるケースもあります。

第Ⅲ部

参考資料

5 「一人通学歩行指導チェックシート」

一人通学歩行指導チェックシート

〇〇盲学校

検定日	平成　　　年　　　月　　　日	検定者		
対象者	学部　　　年　　　組　　氏名		担任	

検　定　経　路	（学校）→正門前横断歩道　→　△△歩道　→　〇〇交差点　→ →　◎◎バス停　→　（路線バス）　→　△△バス停　→　□□駅前商店街　→　（□□駅） →　（電車経路）　→　（■■駅）　→　（自宅）

No.	検定チェック項目（通学経路に即して10項目以上設定して下さい）	チェック
1	学校正門前の音響信号機を正しく操作し、車の停車を確認して道路を横断する。	☐
2	他の歩行者や自転車に注意して歩道を歩行する。	☐
3	バス停の位置を把握し、バスを待つことができる。必要に応じて援助依頼を行う。	☐
4	バスの乗車口を確認し、安全に乗車する。	☐
5	ICカードを利用して運賃を精算する。または既定の現金を運賃箱に入れる。	☐
6	バスの降車口を確認し、安全に降車する。	☐
7	降車後、他の人や自転車等の通行に注意して、すばやく安全な位置に移動する。	☐
8	歩車道の区別のない道路で、できるだけ道路の端に寄って歩く。	☐
9	歩道上の障害物を白杖で確認しながら歩く。	☐
10	コースを間違えても修正できる。	☐
11	乗車駅・下車駅の構内の構造を理解している。	☐
12	□□駅入り口を発見し、改札まで移動する。	☐
13	IC定期券をスムーズに取り出して利用できる。または切符を購入し、改札を通過する。	☐
14	駅構内・ホーム内でのランドマークや手がかりの確認と利用する。	☐
15	乗車駅の改札からホームの乗車位置まで、安全に移動する。	☐
16	電車内で安全に、かつ他の乗客に配慮しながら移動し、降車に備える。	☐
17	電車内でのマナー（白杖・荷物の取り扱い等を含む）を理解して行動する。	☐
18	■■駅で降車後、ホームから改札、出口まで安全に移動する。	☐
19	トラブルに対処する方法を身につけている。（電話をかける、その場で援助依頼する等）	☐
20	場に応じた歩行、マナーが身についている。	☐

※　チェック項目は、歩行経路や子供の実態に応じて作成する。

執筆者一覧

青木　隆一	文部科学省初等中等教育局特別支援教育課特別支援教育調査官 本書作成の意義、本書の活用上の留意点、序章	
三谷　照勝	全国盲学校長会会長　はじめに	

赤木　浩司	島根県立盲学校教諭　Q48、Q50	
明比　庄一郎	筑波大学附属視覚特別支援学校教諭　Q33	
荒　沙絵子	埼玉県立特別支援学校塙保己一学園教諭　Q29	
石川　奈緒美	横浜市立盲特別支援学校教諭　Q34	
出井　博之	北海道札幌視覚支援学校教諭　Q1	
伊藤　庄二	青森県立盲学校教諭　Q49	
落合　久貴子	秋田県立盲学校（現 秋田県立視覚支援学校）教諭　Q9	
鎌田　貴志	和歌山県立和歌山盲学校教諭　Q47	
菊地　雄平	秋田県立盲学校（現 秋田県立視覚支援学校）教諭　Q7	
岸　久里子	秋田県立盲学校（現 秋田県立視覚支援学校）教諭　Q57	
岸　哲志	岡山県立岡山盲学校寄宿舎指導員　Q56	
北脇　幸生	島根県立盲学校教諭　Q36、Q50	
吉瀬　康則	和歌山県立和歌山盲学校教諭　Q46	
木村　はるみ	高知県立盲学校教諭　Q51	
氣仙　有実子	筑波大学附属視覚特別支援学校教諭　Q39	
佐藤　加奈子	秋田県立盲学校（現 秋田県立視覚支援学校）教諭　Q8	
佐藤　北斗	筑波大学附属視覚特別支援学校教諭　Q40、Q41	
庄子　紀子	福島県立盲学校教諭　Q27	
杉本　見麻	大阪市立視覚特別支援学校（現 大阪府立大阪北視覚支援学校）教諭　Q25	
角田 フローラ華子	大阪府立視覚支援学校（現 大阪府立大阪南視覚支援学校）教諭　Q14、Q16	
瀧本　和男	千葉県立千葉盲学校教諭　Q31	
田中　良子	大阪市立視覚特別支援学校（現 大阪府立大阪北視覚支援学校）教諭　Q22	
田中　隆二郎	千葉県立千葉盲学校寄宿舎指導員　Q30	
田邊　佳実	新潟県立新潟盲学校教諭　Q28	
丹所　忍	筑波大学附属視覚特別支援学校教諭　Q3、Q4	
千明　和紀	北海道旭川盲学校教諭　Q35	
千葉　康彦	宮城県立視覚支援学校教諭　Q17、Q18、Q19	
塚本　裕亮	京都府立盲学校教諭　Q37	
中澤　由美子	宮城県立視覚支援学校教諭　Q17、Q18、Q19	
長崎　麻	高知県立盲学校教諭　Q52	
中野　純子	大阪市立視覚特別支援学校（現 大阪府立大阪北視覚支援学校）教諭　Q23、Q24	
中林　有子	大阪府立視覚支援学校（現 大阪府立大阪南視覚支援学校）教諭　Q11	
中山　絹子	広島県立広島中央特別支援学校教諭　Q43	
西川　明子	大阪府立視覚支援学校（現 大阪府立大阪南視覚支援学校）教諭　Q12	
野畑　明仁	富山県立富山視覚総合支援学校教諭　Q53	
深川　亮	秋田県立盲学校（現 秋田県立視覚支援学校）教諭　Q10	
堀　雅之	香川県立盲学校教諭　Q55	
正井　隆晶	奈良県立盲学校教諭　Q32	

松野　吉泰	東京都立八王子盲学校教諭　Q2、Q6	
南　真由美	神奈川県立平塚盲学校教諭　Q44	
村江　鉄平	大阪府立視覚支援学校（現 大阪府立大阪南視覚支援学校）教諭　Q15	
森﨑　三郎	長崎県立盲学校教諭　Q42	
柳原　知子	大阪府立視覚支援学校（現 大阪府立大阪南視覚支援学校）教諭　Q13	
山口　崇	筑波大学附属視覚特別支援学校教諭　Q5、Q45	
山田　秀代	岐阜県立岐阜盲学校教諭　Q38	
吉田　満	香川県立盲学校教諭　Q26、Q54	
渡邉　史子	大阪市立視覚特別支援学校（現 大阪府立大阪北視覚支援学校）教諭　Q20、Q21	

イラスト

西村　留美　　東京都立文京盲学校教諭　Q1、Q19、Q22、Q23、Q24、Q29

（50音順、敬称略、所属・職名は原稿執筆時）

監 修

青木　隆一　　文部科学省初等中等教育局特別支援教育課特別支援教育調査官

編集委員会

委員長	下島　啓道	東京都立久我山青光学園校長
委　員	明比　庄一郎	筑波大学附属視覚特別支援学校教諭
	井上　道子	東京都立久我山青光学園主任教諭
	左振　恵子	筑波大学附属視覚特別支援学校教諭
	菅井　みちる	東京都立八王子盲学校指導教諭
	鈴木　剛	神奈川県立平塚盲学校総括教諭
	波田野　圭子	埼玉県立特別支援学校塙保己一学園教諭
	藤岡　理恵	横浜市立盲特別支援学校主幹教諭
	山口　崇	筑波大学附属視覚特別支援学校教諭

（50音順、敬称略、所属・職名は平成28年3月現在）

見えない・見えにくい子供のための
歩行指導 Q&A

平成 28 年 7 月 27 日　初版第 1 刷発行
平成 28 年 10 月 3 日　初版第 2 刷発行
令和 2 年 11 月 3 日　初版第 3 刷発行
令和 7 年 3 月 3 日　初版オンデマンド発行

■監　修　青木　隆一
■編　著　全国盲学校長会
■発行人　加藤　勝博
■発行所　株式会社 ジアース教育新社
　　　　　〒101-0054　東京都千代田区神田錦町 1-23　宗保第 2 ビル
　　　　　TEL：03-5282-7183　FAX：03-5282-7892
　　　　　E-mail：info@kyoikushinsha.co.jp
　　　　　URL：http://www.kyoikushinsha.co.jp/

■表紙デザイン・DTP　　土屋図形 株式会社
■印刷・製本　　株式会社 創新社
Printed in Japan
ISBN978-4-86371-370-3
定価はカバー表示してあります。
乱丁・落丁はお取り替えいたします。（禁無断転載）

見えない・見えにくい子供のための
歩行指導 Q&A　テキスト引換券〈初版OD刷〉

■本書のテキストデータをメールでご提供いたします。お名前・ご住所・電話番号・メールアドレスを記載した連絡票と、本ページの「テキスト引換券」をジアース教育新社『歩行指導Q&A』テキストデータ係までご郵送ください（住所は上記のとおりです）。